MI REGRESO DE LA MUERTE

La experiencia de volver a la vida por un propósito divino

Rosa Dolores Araujo Cheme

DEDICATORIA

Dedico este legado de mi historia primeramente a Dios, por permitirme regresar de la muerte para contar mi experiencia a través de este libro, por todas las maravillas que ha hecho en mi vida y las bendiciones que he recibido de su mano.

A mis padres, mis hijos, mi familia, mis maestros, mis estudiantes y a todos mis amigos que han sido fortaleza y bendición de mi nuevo destino forjado por el Señor, para poder dar sentido, motivación, vencer las adversidades del mundo y arrancarle a la vida días mejores.

A mi maestro Carlos Aparcedo y a todos los que hacen *Escuela de Autores*, por su empuje y apoyo en el desarrollo de tan maravilloso proyecto.

AGRADECIMIENTOS

Terminada esta fracción de la historia de mi vida, agradezco a Dios por haber puesto en mi camino al maestro Carlos Aparcedo y a todo su equipo, quienes conforman la *Escuela de Autores*. A mis compañeros de este grupo de escritores, quienes fueron pilares importantes de la estructura de mi libro titulado **MI REGRESO DE LA MUERTE**. De antemano les agradezco ese apoyo incondicional, esos mensajes de ánimo. Gracias por ese slogan positivo de "**solo está derrotado aquel que ha dejado de luchar**".

Gracias a mi hija política Elida Moreira, a mi nieto Vicente José Zambrano Quiñonez, a mis cinco hijas y a mi hijo, el único varón; también gracias a todos mis amigos que de una u otra forma me dieron su apoyo y me ayudaron para hacer de este sueño una realidad.

ÍNDICE

INTRODUCCIÓN

Esta historia podrá ayudar a todos mis lectores, ofreciéndoles conocimiento para hacer realidad sus objetivos por medio de la fe, no importando la clase social en la que estén catalogados y levantando su autoestima, pues todas las personas somos dignos de ese don maravilloso que Nuestro Señor Jesús nos ha legado, dándonos un destino puro y limpio de toda corrupción pero que, al pasar el tiempo, en nuestro desarrollo como personas sociales, lo enlodamos en la primera prueba por la que atravesamos cuando dudamos de nuestra fe y damos paso a las acciones malas, sabiendo hacer lo bueno.

Todos en algún momento, por medio de la desesperación, caemos en la tentación del falso dios que sabe aprovecharse de nuestras necesidades, brindándonos lo que deseamos sin ningún sacrificio aparente.

La vida misma nos ha mostrado que nadie ofrece regalos sin interés alguno. Guiados por nuestra avaricia tomamos esas dádivas cayendo muy bajo ante la sociedad, y alejándonos del Ser Supremo que nos amó y eligió desde antes de nacer y, cuando ya no hay vuelta atrás, nos lamentamos del error al recibirlas creyendo erróneamente que todo está perdido.

El lector será instruido en que la pobreza no es el límite para no seguir luchando por lo que desea ser. Lo único que debemos entender es que Dios está siempre con nosotros si queremos tenerlo como amigo; y si Dios está con nosotros… ¿quién contra nosotros? ¿Será que hay algo imposible para Dios? Mi convicción me ha llevado de triunfo en triunfo por medio de la gloria divina, ¿será que alguien ha muerto y ha regresado a contarlo? En esta historia podemos encontrar cómo Dios se glorifica en quienes le temen.

Podrás también ser parte de las maravillas de Dios en tu vida, experimentándolas en ti si le abres tu corazón a Él, solo a Él, porque no hay otro nombre bajo el cielo dado a los hombres.

HECHOS 4: 11-12. "Este Jesús es la piedra reprobada por vosotros los edificadores, la cual ha venido a ser cabeza del ángulo. Y en ningún otro hay salvación; porque no hay otro nombre bajo el cielo, dado a los hombres, en que podamos ser salvos". (***Reina Valera, ed.1960***)

Les puedo decir con toda certeza, y con mi convicción puesta en el Señor, mis amados lectores, que todas las personas podemos gozar de la infinidad de bendiciones que provee Dios si guardamos sus mandamientos y andamos por el camino de la luz.

CAPÍTULO I
Primera parte

Hoy quiero contarles a todos mis queridos y apreciados lectores de este libro, las experiencias de vida que he tenido después de mi regreso de la muerte; también compartiré episodios de lo que yo era antes de dejar este mundo. Deseo que analicen por qué fui bendecida por el propósito divino y por qué tuvo misericordia nuestro Dios para conmigo. Para mí, el regreso de la muerte ha sido de gran bendición, para poder derribar todos los obstáculos de mi vida anterior.

Ustedes tal vez dirán: "Nadie ha muerto y ha regresado a la vida para contar una historia"; incluso esta frase la expresaron dos de los médicos que trataron mi caso. Espero que los que lean esta historia puedan abrir los ojos y entender cómo el enemigo nos tiene engañados. He escrito este libro no para gloriarme yo, sino para la gloria de Dios. En el libro de **JUAN 14:6** JESÚS LES DIJO: "YO SOY EL CAMINO, Y LA VERDAD Y LA VIDA; NADIE VIENE AL PADRE SINO POR MÍ."

Tuve una visión y se los cuento con humildad y de corazón.

El once de junio de 1998, se celebraba la fiesta de San Antonio y mi pareja y yo fuimos invitados a la ceremonia. Pero en el mes de mayo, no recuerdo exactamente el día, tuve una visión de parte de Dios... Unas llamas envolvían mi zapatilla izquierda. En esas llamas que estaban frente a mí, pude leer un poco acerca de mi destino: este estaba a punto de terminar, y a menos que quisiera otra oportunidad de vida, no debía asistir a esa celebración. Le dije a mi pareja lo ocurrido, informándole que debía obedecer a este mandato porque Dios me había revelado que en esa noche pasaría algo terrible que no podía explicar con mis palabras, pero que estaba convencida de que allí sería mi final. Sin embargo, él no me tomó las cosas en serio y dijo: "si tú no vas conmigo, es porque tienes alguna cita con algún amante".

¿Qué amante? Solo vivía trabajando para poder sustentar a mis hijos; a veces me pregunto, ¿será que existe alguna mujer que aguante tanta necesidad y no cometa el error de traicionar a su marido mientras él se da el lujo de vagar y divertirse con otras mujeres? ¡Y todavía tiene la cara de juzgar a la esposa por tenerlo abandonado! ¡Hasta llegan al punto de maltratarla porque piensan que una mujer no puede vivir sin tener sexo, o tal vez la ve como un objeto sexual!

Cuando llegó el día de la gran fiesta, intenté decírselo nuevamente delante de mi madre y de mi padre, con el fin de que me ayudaran; pero mi madre respondió con palabras groseras y al mismo momento me dijo: "a ti, es el diablo que se te ha metido en el… ¡Y llévela, compadre, ella no se manda!".

Yo nunca pude entender la reacción de ella, pero ahora que conozco un poco la palabra de Dios, puedo comprender que Jesús quería mostrarme su gloria en mi propia vida.

En ese momento tuve apoyo de mi padre, quien les dijo: "nadie puede obligar a otra persona que vaya a una fiesta sin que ella esté de acuerdo".

Entonces respondió mi marido: "es que ella se está imaginando algo que no va a pasar"; en ese momento contesté: "si tan solo pudiera descifrar lo que va a ocurrir, lo haría, pero no lo puedo hacer; ni yo misma puedo explicarles lo que sucederá en ese lugar; pero por favor, ustedes tampoco deben ir allá, y no me obliguen a ir, porque estoy segura de que voy con mis pies, pero no regresaré con vida; acuérdense de estas palabras: hoy, en esta hora, me llevan obligada a esa fiesta, pero mañana van a estar llorando mi cadáver, entonces van a entender que les decía la verdad y será muy tarde".

Sin medir las consecuencias de lo que ocurriría, me dijeron: "nos vamos a la fiesta y punto"; entonces me fui a mi casa a guardar la ropa y mis hijos se fueron adelantando con el papá. Yo tenía una imagen de Jesús, y antes de salir de mi cuarto, la tomé en mis manos, me arrodillé y le pedí perdón por desobedecer su orden y por tenerle más miedo a un hombre que a él; llorando, salí y me senté en la escalera diciendo: "Padre, perdóname por lo que estoy haciendo, yo no quiero que ese hombre me maltrate y me insulte delante de mis hijos; tú sabes, tengo mi niña que ya está creciendo, tiene once años y no deseo que ella vivencie malos ejemplos. Señor, por eso te pido que todo lo que va a pasar en la fiesta recaiga sobre mí, por cobarde, pero te pido que me devuelvas la vida, pues quiero terminar de criar a mis hijos".

Estaba llorando mi suerte, cuando escuché la voz de un sobrino político que me preguntó: "¿por qué llora, señora Rosa?", y le dije: "Marco, me llevan a la fiesta y no quiero ir, allí está mi final; ellos no me entienden"; a lo que él contestó: "no llore, deme la niña y vamos, porque usted sabe cómo es mi tío"; entonces bajé las escaleras y me fui en compañía del chico; cuando íbamos pasando por el río, en medio de este, sentí que me enterraba hasta las caderas, y llamando a Marco, le dije: "¡dame la mano, me hundo!"; él se sorprendió y me respondió: "¡pero está seco!". "Dime, ¿a dónde me llega el agua?", le pregunté; "le llega a los tobillos", me dijo, y agarrándome de la mano me ayudó a cruzarlo.

Sentía mi cuerpo muy pesado para caminar, pero seguí haciéndolo hasta llegar al lugar de la famosa fiesta de San Antonio.

Mi niñez amenazada por personas inescrupulosas, pero siempre tuve la protección divina

Quiero contar a la sociedad todas las alegrías de mi vida, pero también mis malas experiencias. Cuando era una niña de unos 10 o 12 años; bueno, en realidad mi edad no la recuerdo con exactitud, pero en ese período caí enferma, estaba muy mal; mis padres me llevaron a una clínica porque el mareo en mi cabeza no se me quitaba ni por un instante y ya tenía algunos meses con este problema; en ese entonces cursaba el primer grado en una escuela particular con una maestra; recuerdo que se llamaba María. Cuando el doctor miró mi estado luego de examinarme, les preguntó:

—¿La niña está estudiando?

—Sí —respondieron mis padres.

—Les tengo que decir que esta niña no puede volver más a la escuela; está propensa a un derrame cerebral, y en cualquier momento se va a morir. Si la quieren tener con ustedes unos días más, no deben mandarla a estudiar.

En ese momento yo me quería morir de una vez, porque para mí, ir a la escuela era lo más importante. Acababan de quitarme mis estudios; yo quería ser una doctora y mi sueño se iba hacia abajo. Salí de allí muy triste, mis padres sabían cómo me sentía. Al llegar a la casa les pregunté:

—¿Ustedes le creyeron a ese doctor?

—Eso es verdad, hija, ese mareo te da porque estudias y las letras te hacen daño —me dijeron.

—Pero si me compongo, ¿me dejan ir a la escuela? —pregunté.

—Hija, ya escuchaste al doctor, si vas a la escuela vas a morir, y si ocurre eso, no me lo voy a perdonar nunca —respondió mi padre.

Bueno, así pasó un tiempo y no volví a estudiar por unos seis meses. Un día mataron un chancho y la costumbre de ellos era mandarle una tonga de fritadas a la profesora; aprovechando que mi bisabuela estaba de visita me arreglé, y a la vez que mis hermanos se despedían de mi madre, yo también me despedí y mi madre dijo:

—Regresa, tú no vas a ningún lado.

—Si muero que sea estudiando, no en la casa —le repliqué llorando.

—Es verdad lo que la niña dice, déjala que se vaya, ese doctor tal vez no tenga la razón y la pequeña se va a quedar sin estudio —mi bisabuela expresó.

La madrina que tuve ese día me ayudó y volví a clases gracias a Dios. En el lugar donde crecí había muchas personas buenas que me apreciaban mucho, pero como en todo lugar, también existían malas personas que hacían daño.

Un tiempo después, llegó por el barrio un hombre que engañaba a las personas diciéndoles que "curaba males", y les dijo a mis padres que me habían hecho un maleficio; por eso era el mareo. Desde corta edad entendí la maldad que se alberga en el corazón de las personas, porque ese hombre quería abusar de mi inocencia; este tipo convenció a mi madre de que tenía que dejarme sola en un cuarto con un toldo bien puesto (claro, para poder hacer sus perversidades si yo se lo consentía). Seguramente pensaba que me podía dominar con sus amenazas, pero lo que no sabía era que tenía a mi abuela y a otras personas que me daban consejos de cómo cuidar mi cuerpo de personas inescrupulosas, llenas de perversidad, en especial en contra de niñas y niños inocentes.

Mi vida fue difícil para salir avante y luchar por la protección de mi cuerpo; ya que es nuestro templo espiritual (templo de Dios), pero no fue imposible. Ahora, gracias a nuestro Señor, puedo decir que la Biblia nos enseña en el libro **1° de Corintios 3:16-17:** "¿No sabéis que sois templo de Dios, y que el Espíritu de Dios mora en vosotros? si alguno destruyere el cuerpo de Dios, Dios le destruirá a él; porque el templo de Dios el cual sois vosotros, santo es". Y en el libro de **1°Corintios 6:19- 20**, nos reitera: "¿O ignoráis que vuestro cuerpo es templo del Espíritu Santo, el cual está en vosotros, el cual tenéis a Dios y que no sois vuestros? Porque habéis sido comprados por precio; glorificad, pues, a Dios en vuestro cuerpo y en vuestro Espíritu, los cuales son de Dios".

Con esto debemos reflexionar que desde allí Dios me dio su protección divina, aun cuando yo ignoraba su Santa palabra; pero de lo único que siempre estuve y estoy segura es que Dios NO está muerto o no existe, como algunos lo aseveran. Yo en cambio, les puedo asegurar, que Dios está presente en cada una de nuestras acciones, sean buenas o malas.

Ojalá todas las personas entendieran este testimonio, el cual lo hago con todo mi amor y mi ojo puesto en Nuestro Señor Jesús; va dedicado especialmente a mujeres, niñas y, por qué no decir, también niños, quienes en la actualidad están siendo abusados sexualmente; ya que, si bien es cierto que las leyes existen, la mayoría de las veces callamos por vergüenza a que nos discrimine la sociedad.

Mi dignidad tuve que defenderla con uñas y dientes, ya que era amenazada por este agresor que les haría daño a mis padres; nunca dije nada a ellos, pero gracias a Dios tampoco me pasó algo malo con este sujeto. ¡Dios me guardó en esa oportunidad!

Transcurrió un tiempo, el día 28 de mayo de 1981, asesinaron a uno de mis tíos por parte de madre; él era la ilusión de mi vida. Ese día sentí que todo se me derrumbaba; él había prometido ayudarme con mis estudios, ya que a mis padres no les alcanzaba su economía para yo seguir estudiando. Mi papá era jornalero y apenas tenía para los alimentos, y mi madre era ama de casa, pero con todo mi corazón les agradezco por lo más hermoso que me enseñaron: a trabajar para subsanar nuestras necesidades con la frente en alto, luchando, pelando plátanos, cortándolos en rodajas, secándolos en el sol, cargándolos a hombros por sacas (sacos grandes de tela fuerte), y caminando unos treinta minutos hacia donde cogíamos las rancheras; en ese tiempo no existían las máquinas que ahora hacen este trabajo de sacar la harina de plátano. Con estos ingresos mi madre nos ayudaba para nuestro vestuario, calzado y otras cosas que nos hacían falta.

Jamás pensé que con la muerte de mi tío tendríamos tantos problemas; ahora comenzaron a llegar muchas personas malas que querían vengar la muerte del occiso. Esto trajo situaciones difíciles nuevamente a mi vida, aunque muchos de ellos me instruían para defensa propia. En esa corta edad aprendí a usar armas, pero nunca imaginé que entre ellos vendría otro agresor; eso ni pasó por mi mente. Bueno, les puedo decir con exactitud que la mayoría de los agresores sexuales no vienen de fuera de la familia... siempre están dentro de ella.

Esta vez fui acosada por mi abuelo; para mí era algo que jamás imaginaría que pasaría en mi familia, ¿cómo podía hablar con mi madre si se trataba de su padre? ¿Sería que me iba a creer? Ella le preguntaría, pero él se haría la víctima; entonces no me quedó otra salida que callar por segunda vez. A veces mi padre me veía preocupada y me preguntaba, pero yo por proteger su vida le decía: "me duele la cabeza". Fue así que pasó tal vez un año y unos meses más, hasta que por fin un día escuché que mi abuelo se marchaba al otro día. ¡Mi Dios me concedía otro pedido más!

Cuando pasaron unos meses más después de la partida de mi abuelo, llegó un padrino de mi hermano; por supuesto, compadre de mis padres, que, según ellos era de confianza. Todos los domingos mis padres salían de compras y nos dejaban con él; un día sin haberme dado cuenta, les había dado a mis hermanos caramelos y los había mandado a jugar abajo en el patio mientras yo estaba arreglando la cocina después del almuerzo; de repente me agarró por la espalda y me sujetó los brazos fuertemente para tumbarme al suelo, pero me di la vuelta rápidamente y me solté un brazo; mientras llamaba a mi hermano con gritos desesperantes, le arañaba el cuello con mis uñas. ¡Cómo no pensar que Dios me ayudó! En ese momento, el agresor escuchó los niños que subían por las escaleras y me soltó rápidamente; poco más tarde llegaron mis padres.

Este sujeto se envolvió con una bufanda el cuello y mi madre le pregunto:

—¿Qué le pasa, compadre? ¿Con tanto sol y usted carga esa bufanda en el cuello?

—Tengo dolor en la garganta, mañana me tengo que ir para mi tierra porque no me acordaba de una cita médica; además, tengo un dolor en el cuello que no soporto —respondió.

¡Qué alegría para mí! Por fin había derrotado al tercer abusivo; le daba gracias a Dios por este milagro mirando el cielo.

Siempre me hice esta pregunta: ¿Será que Dios ayuda a los inocentes? Ahora que entiendo un poco la palabra de Dios, puedo leer en el libro de los **Salmos 12: 5**: "Por la opresión a los pobres, por el gemido de los menesterosos, Ahora me levantaré, dice Jehová; Pondré en salvo al que por ello suspira".

Proverbios 6: 16-19: "Seis cosas aborrecen Jehová, y aun siete abomina su alma: los ojos altivos, la lengua mentirosa, las manos derramadoras de sangre inocente, el corazón que maquina pensamientos inicuos, los pies presurosos para correr al mal, el testigo falso que habla mentiras y el que siembra discordia entre hermanos".

Siempre supe que existía un Dios porque mi padre me hablaba de Él. Fue entonces cuando aprendí a pedir protección Divina, ya que mi padre estaría en peligro si yo le contaba lo que me estaba sucediendo.

Como ustedes pueden ver, en esa época de mi vida no tenía conocimiento de la palabra de Dios; en mi niñez no tuve la oportunidad de capacitarme en una iglesia, pero, aunque no lo conocía, siempre supe que existía; quizás por esta razón me ayudó, por medio de mi Fe y el temor que mostraba hacia él. Él siempre ha contestado mis oraciones, aunque a veces creía que un poco tarde, sin embargo, aprendí que el Señor siempre responde en el momento justo; esto es lo que me ha dado las fuerzas para salir adelante triunfante, en el nombre poderoso de Jesús.

Me he podido dar cuenta de que no hay un lugar para adorar a Dios, porque Él es el dueño de la plenitud y a Él le agrada que lo adoren en Espíritu y en verdad. Para mí, mi templo fue el campo, el patio de mi casa, mi cama, el río, y muchos lugares más. Podemos mirar en la Biblia, en el libro de **Mateo 6: 6**: "Más tú, cuando ores, entra en tu aposento y cerrada la puerta, ora a tu Padre que está en secreto; y tu Padre que ve en lo secreto te recompensará en el público".

En **Marcos 1: 35** nos dice: "Levantándose muy de mañana, siendo aún muy oscuro, salió y se fue a un lugar desierto, y allí oraba".

Lucas 6: 12 "En aquellos días Él fue al monte a orar y pasó la noche orando a Dios".

Con esto podemos confirmar que no hay lugar específico para adorar a Dios, porque Él está en todo lugar y sus ojos están puestos en nosotros; por esta razón debemos entender que de todo lo que hagamos o digamos, rendiremos cuenta, pues tenemos un Ser Supremo quien está observando cada paso que damos, y aunque nos escondamos bajo las piedras, allí está el Señor.

La competencia que marcó mi vida

Cuando cursaba el tercer grado de escolaridad, me repitió el mareo muy fuerte y el médico me mandó reposo por veinte días. Al regresar, la institución educativa celebraba su aniversario y tenían programada una carrera de dos kilómetros. Como en todo lugar, hay un alumno sea femenino o masculino que se cree más importante que los demás; en la escuela no era la excepción. Allí teníamos a una compañera que nos hacía menos que ella y se había inscrito en la competencia. Mis compañeros y el profesor me pusieron al tanto de la situación; querían que yo participara en la carrera representando al género femenino, sin embargo, no estaba preparada para participar; no me hallaba vestida para la ocasión... Mi madre me había hecho un vestido que me llegaba a los tobillos, y, por otro lado, mi padre no aprobaba que participara porque apenas estaba recuperándome, pero como siempre, pedí ayuda a mi profesor, quien le dijo a mis padres que él había pagado la inscripción; solo así los podía convencer, y lo hizo.

Ese día competí con mi traje largo porque mi contrincante pagó para que no me prestaran un short.

Cuando inició la competencia, corrí unos doscientos metros y vi que mi contrincante se fue con una gran ventaja; me senté a llorar. Esa situación se volvió inolvidable para mí. Me sentí el ser más inútil de este mundo y le reclamaba a Dios diciéndole: "¿por qué no me das fuerzas y buena salud para que no me humillen de esta manera?" De pronto mis compañeras se acercaron corriendo y me levantaron diciendo:

—Tú eres la única que puedes ayudarnos para que no seamos la burla de esa mujer, ¿qué será de nosotras el día que volvamos a clases? Se burlará sin compasión de todas; ¡vamos! ¡Levántate!, ¡corre!, todavía la puedes alcanzar, no seas cobarde como nosotras que siempre le tenemos miedo.

En ese momento dije: "Señor, ayúdame, no me dejes sola, dame fuerzas para ganar esta competencia en tu nombre; tengo que vencerla, sé que me vas a ayudar, te necesito, sácame adelante, dame la victoria para mí y mis compañeras"; y salí con la ayuda de ellas que me empujaban hasta más adelante; entonces me encapriché y solté a correr.

Me escondí del sol y de ella debajo de unos helechos que caían sobre la barrancada de la carretera, y cuando se dio cuenta, ya la tenía a solo diez metros de distancia; las dos echamos a correr con mucha más velocidad, pero con la ayuda divina salí triunfante sólo con un salto de diferencia; desde allí me percaté de que el que hace cosas buenas y piensa en los demás, Dios lo ayuda siempre; Él nunca abandona a sus hijos. Solo que, a veces, somos malagradecidos y escogemos caminos a las perversidades sin darnos cuenta de que lo único que encontramos es la muerte física y espiritual, alejándonos del camino, de la luz divina y de la vida eterna. Es así como vemos la gloria de Dios en nuestro día a día, sin embargo, siempre lo ignoramos, diciendo: "esta es mi victoria y a mí no hay quien me venza"; y otras veces decimos que Dios no existe, no solo con palabras, sino con nuestros hechos.

Si nos apoyamos en la Biblia en **Deuteronomio 20:4** dice: "Porque Jehová vuestro Dios va con vosotros, para pelear por vosotros contra vuestros enemigos, para salvaros".

Isaías 41:10: "Así que no temas, porque yo estoy contigo; no te angusties, porque yo soy tu Dios. Te fortaleceré y te ayudaré; té sostendré con mi diestra victoriosa".

Isaías 40:31: "Pero los que confían en el Señor renovaran sus fuerzas; volaran como las águilas; correrán y no se cansarán, caminarán y no se fatigarán".

Señor, pongo toda mi confianza en ti. Sé que recibiré de tu mano todo lo que necesito para poder cumplir con las tareas del día a día; no solo eso, también sé que puedo acudir a ti en todo momento para recibir la dirección y el descanso necesario para renovarme y poder continuar en el camino que has preparado para mí.

Jeremías 29.11: "Porque yo sé muy bien los planes que tengo para ustedes- afirma el Señor-, planes de bienestar y no de calamidad, a fin de darles un futuro y una esperanza".

Como ven, en esta competencia no estaba en condiciones de salud y mucho menos equipada, porque ni zapatos tuve para mis pies; sin embargo, competí, y a pesar de todas estas circunstancias, no fue un obstáculo para mí.

A veces las personas buscamos el mínimo pretexto, cualquier cosa, dando paso al negativismo y perdiendo muchas oportunidades en la vida; buscamos siempre un culpable de nuestra cobardía, de nuestros malos actos o de las malas decisiones que tomamos. Estoy segura de que Dios nos manda al mundo con un destino puro y limpio, pero nosotros lo manchamos con nuestras acciones.

Dios, mi escudo de salvación

Al ver que mi vida estaba llena de peligros, invoqué a Dios para que me ayudara con la protección de un ángel o la presencia de un familiar que estuviera muerto para sentirme protegida por él, y fue así como pude evitar que corriera riesgo la vida de mi padre.

Dios me concedió el don del discernimiento, y cuando estaba en peligro, veía a unos veinte metros, a lo lejos, el reflejo de un hombre vestido de color celeste, justo en el lugar donde se encontraba la persona o animal que me quería hacer daño. En ese instante, me alejaba del camino y me preparaba para salir corriendo, agarraba un cuchillo en mis manos que siempre cargaba sobre mi vestimenta, y mirando el lugar donde había visto la señal, gritaba:

—¿Quién está escondido allí?

Ellos siempre se quedaban atónitos al ver mi reacción y me replicaban con furia a lo lejos:

—No sé quién te avisó que te estaba esperando; hoy te salvas, pero algún día vas a caer en mis manos.

Yo sonreía y les respondía:

—Más vale que te largues rápido, porque detrás de mí viene mi tío.

Con eso se alejaban del camino creyendo en mis palabras.

Cuando tuve 17 años hubo un hombre casado que les decía a sus hijas y a su esposa: "no había visto una muchacha tan rebelde como ella", refiriéndose a mí; él tenía cuatro hijas y tres hijos. Un día, una de las chicas me dijo:

—Cuídate mucho, mi padre te quiere hacer daño.

—Yo me he dado cuenta por su mirada, pero no te preocupes, yo se defenderme sola —le respondí sin darme cuenta de que a este hombre no le importaba asesinar si era necesario; pero yo tenía y tengo un Dios que todo lo puede.

Un poco más tarde, este hombre me esperaba en el camino por donde pasaba cuando regresaba sola de la escuela; me decía cosas amorosas a lo lejos.

—Le voy a decir a su esposa —yo le respondía.

Pero él decía nuevamente:

—Eso no importa; ella lo sabe.

Un día le conté a su esposa y me dijo:

—Hija, si algún día la agarra descuidada, déjese hacer lo que él quiera, porque aquí andamos huyendo de la justicia, pues asesinó a una chica de 18 años que no lo quiso por las buenas; cuídese mucho, hija, su vida está corriendo peligro.

—Entonces, ayúdeme usted también a cuidarme, acompáñeme hasta el lugar donde está su marido todos los días; siempre me espera en el camino y yo tengo que salir corriendo por otro lado —le respondí.

Pero ella me replicaba:

—¡Si usted supiera en el problema que me meto por ayudarla! Pero voy a hacer lo posible, todos los días la voy a llevar hasta el río.

—No sabe cuánto le agradezco, señora, yo no le hago mal a nadie, además, la quiero a usted como si fuera mi madre.

—También la quiero como mi hija, por esa razón la voy ayudar.

Así pasé tres duros años. Pero como dice el dicho: "No hay mal que dure cien años". Cuando este problema estaba más fuerte, tanto que parecía que todo estaba perdido, una noche llegaron las hijas mayores a decirle a mis padres que fueran para que les ayudaran a embarcar las cosas al carro; se iban de allí. Yo me sentí feliz al escuchar esta noticia y continuaron diciendo: "es que a mi papá lo vinieron a buscar ayer unos hombres armados, por eso tenemos que salir esta misma noche"; corrí a mi cuarto y caí de rodillas ante Dios dándole las gracias porque por fin se marchaba ese sujeto que tanto quería hacerme daño… No correría más peligro por el momento; por otro lado, se marcharían mis amigas con quienes había compartido momentos agradables y desagradables, pero también entendía que era lo mejor que estaba pasando para mí y mi familia, y que Dios me estaba dando otra solución a mi vida.

Cada día me parecía estar más protegida por la gloria divina, era como una armadura sobre mí; pero ni yo misma me daba cuenta de lo que tenía a mi lado y la protección que me daba en cada problema que asechaba mi vida; de lo único que estaba y estoy segura, es que Dios nunca me ha dejado sola.

A continuación, les escribo unos versículos Bíblicos sobre esta vivencia.

Efesios 6:11: "Vestíos de toda la armadura de Dios, para que podáis estar firmes contra las asechanzas del diablo".

Salmos 46:1: "Dios es nuestro amparo y fortaleza, nuestro pronto auxilio en las tribulaciones".

Isaías 46:4: "Y hasta la vejez yo mismo y hasta las canas os soportaré yo; yo hice, yo llevaré, yo soportaré y guardaré".

Filipenses 4:13: "Todo lo puedo en Cristo que me fortalece".

Si las personas pidieran con todo el corazón a Dios, que les conceda una entrevista por medio de sus sueños, Él les concedería ese milagro y les enseñaría el camino correcto; entonces recibirían a Cristo con toda su alma, porque Él mismo les predicará el evangelio, como lo ha hecho conmigo. Yo les puedo testificar en carne propia cuánto Jesús ha hecho en mi vida, pero para obtener estos beneficios, tenemos que hacer todas las cosas que le agradan a Él, y como principal mandamiento tenemos que amar a Dios sobre todas las cosas. Aunque no nos responda como queremos, es decir, al momento, debemos esperar con sabiduría; incluso, cuando tengamos dificultades por un tiempo, debemos tener la convicción de que nos va a hacer ese milagro y mucho mejor de lo que pedimos.

CAPÍTULO II
Segunda parte

Cuando íbamos a unos quinientos metros, dije:

—Marco, espera, te quiero pedir un favor.

—Dígame, en qué le puedo colaborar.

—Quiero que ayudes a cuidar a tus primas, así como yo los he cuidado a ti y a tus hermanos; enséñales que las miren como hermanas.

—No se preocupe, señora, así lo haré, pero porque me habla como si fuera a morir.

—Hijo, mañana a esta hora vas a ver que estoy muerta.

—No me diga eso, me dan ganas de llorar —respondió el chico, y nos fuimos.

Al llegar a un estero cerca de la casa, miré que todos los que iban bajaron sus maletas y comenzaron a ducharse, entonces les pregunté:

—¿De quién es esa casa?

Se burlaron de mí; con mucha duda, le pregunté a un cuñado que también iba en nuestra junta:

—Dime, viejo, por favor, ¿de quién es esa casa?

—Es la casa de Velásquez, vieja tonta —respondió.

—¿Tú crees que yo no conozco esa casa? Esta no es.

Créanme, yo no podía reconocer la casa. Yo, que había llegado a esa casa por más de cuatro años, no la podía reconocer.

Bueno, nos vestimos y avanzamos al patio; al llegar al pie de la escalera llamé a mi niña mayor:

—Rocío, venga acá.

—Mande, mami —respondió.

—Mira, aquí dejo las botas de sus hermanitas y su hermano, porque llegará la hora de regresar a la casa y yo no voy a estar para ponérselas.

Mi madre me escuchó y dijo:

—¡Cállate, bruja! ¿No te da vergüenza que la gente te escuche?

Solo oré y le pedí a Dios: "Mi Señor, que caiga sobre mí todo lo malo que va a suceder, sé que estoy desobedeciendo su mandato por cobarde; le tengo más miedo a un hombre que a usted, pero le pido, Señor, con todo mi corazón, que me devuelva la vida para terminar de criar a mis hijos, pues usted sabe que soy madre y padre para ellos; también sabe que pasamos casi abandonados de su padre y que solo me tienen a mí, bueno… a mis padres también, pero es mucha carga para ellos". Ya nos habían dado la crianza a siete de nosotros, entonces era bastante, según mis pensamientos.

Al subir las escaleras, no podía ascenderlas con facilidad; se me hacía difícil. Cuando llegamos al piso siguiente, le dije a mi hija:

—Llévate a todos tus hermanos y no los dejes venir al lugar donde yo esté bajo ninguna circunstancia.

Me quedé en la cocina ayudando a la dueña de la casa a cocinar para todos los invitados; ella me pidió el favor de ayudarle. Nos quedamos con mi madre también. Cuando llegaron las once de la noche servimos los alimentos a todas las personas que se encontraban en la fiesta; eran entre unos sesenta a ochenta almas, entre adultos y niños; luego nos servimos los alimentos las cinco mujeres que habíamos estado en la cocina.

Justo cuando me entrega la dueña de la casa mi plato, mi hijo único varón me llamó:

—¡Mami, mami!

Dejé rápidamente mi plato en el mesón y le pregunté:

—¿Qué haces aquí? Te dije que por nada del mundo te acerques a mí.

—Quiero agua —respondió.

Le pasé un vaso agua y se lo tomó rápidamente; entonces lo regresé a donde estaban sus hermanitas.

—Corre, hijo, anda a donde están tus hermanas y no regreses más acá, por favor, hijo mío.

El niño salió corriendo y yo regresé a donde había dejado mi plato de la cena; solo tuve el gusto de agarrarlo en mis manos, no alcancé ni a llevarme una sola cucharada a mi boca cuando escuché un sonido que hizo "tras"; segundos después, ya me hallaba enterrada con un bracero de carbón del fogón que se viró y cayó sobre mí desde mis caderas hasta mis pies. Caí boca abajo; me cociné mis dos piernas y glúteos, pero esto no fue todo, me quedé presa con el peso de la tierra, y como toda la casa seguía cayendo, la gente corría para salvarse; entonces dije: "Bendito Dios, nuestro Señor Jesucristo, solo tú me puedes sacar de aquí"; entretanto, el resto de la casa seguía cayendo poco a poco.

Se podían escuchar las voces de las demás personas desesperadas como en el apocalipsis, eran gritos de desesperación; la situación era aterradora, entonces dije: "Señor, ¡sácame, oh, Dios mío, de este fuego que atormenta mi vida! Me estoy cocinando, perdóname, Señor, ¡te lo suplico!". Al exclamar esas palabras vino un fuerte viento y se llevó las cenizas que me oscurecían la vista y no me permitían ver la claridad del reflejo de la luna; las cenizas estaban sobre el aire haciendo obstáculo y no me dejaban mirar ningún objeto que pudiera servirme de apoyo para salir de esas brazas de carbón que me consumían más y más a cada instante que pasaba. Fue cuando vi un pedazo de caña de guadua e hice mucho esfuerzo para llegar hasta ella, pero todo mi esfuerzo fue imposible; en ese mismo instante miré otro pedazo de caña que estaba más lejos, pero era como si me llamara hacia allá para ayudarme. Entonces oré: "Señor, si el otro pedazo de caña estuvo muy difícil de llegar, peor será este que está más lejos; ten piedad de mí, estoy en tus manos, Señor, mira que estoy enterrada sufriendo este dolor inmenso; solo tú me puedes ayudar, y me pones esta prueba que no puedo alcanzar. ¿Por qué, Señor?, ¿me has abandonado? Devuélveme la vida, Señor; soy la única persona que puede cuidar de mis pequeños hijos, ayúdame, Señor, te suplico que me perdones por no haberte hecho caso". Sentí un nuevo impulso, hice otro intento y pude alcanzar a llegar hasta el otro pedazo de caña; me agarré con todas mis fuerzas, era como si me sujetaran y me ayudaran a salir de ese tormento. Parándome rápidamente corrí a buscar a mis niñas y mi niño, pero todavía no habían bajado de la casa mis cinco hijas. De pronto, un joven se acercó a mí y me preguntó:

—¿Por qué llora, señora Rosa?

—Mis hijos, Alberto, mis hijos no los encuentro.

El chico comenzó a gritar:

—¡Rocío! ¡Rocío!

Y miramos a mi hija que venía saliendo del cuarto hacia la sala con sus cuatro hermanitas, la más pequeña en sus brazos, otra en su espalda y las otras dos prendidas una de cada lado de su falda.

El chico corrió desesperado pidiendo permiso.

—Denme permiso, por favor, pásame las niñas, rápido.

Comenzó a pasar una a una a sus hermanitas y de ultimo bajó ella arrojándose a los brazos del chico. Ahora estaban mis cinco niñas junto a mí, pero faltaba mi hijo, y yo sabía que en esos momentos, había estado pidiéndome agua; pensé lo peor y corrí rápidamente donde había estado enterrada.

Miré unas manitos que se movían ligeramente y las agarré, pero era otro niño que también estaba enterrado con el peso de la tierra; al soltarlo salió corriendo en busca de su madre, gracias a Dios; regresé otra vez en busca de mi hijo y miré al dueño de la casa que estaba recogiendo la carne que había caído en el suelo; llorando le pregunté:

—Compadre, ¿usted ha visto mi hijo?

Lentamente levantó la cabeza y me dijo:

—No lo he visto.

Al darme vuelta, escuché una voz que me decía:

—¿Tú por qué lloras? ¿Dónde está tu Dios?

Entonces regresé la mirada hacia él dándome cuenta de que ya no era el hombre a quien yo le había preguntado por mi hijo, sino que ahora era el mismo Satanás que se burlaba con una risotada terrible y estaba en medio de una llama roja; tenía cuernos, cola y dientes que brillaban, y abriendo sus manos me dijo:

—Mira mis hijos, todos están bien, de un pequeño raspón no pasa, y a ti solo te quedan minutos de vida; pero no entiendo, ¿por qué andas caminando?, si debes estar tirada en el suelo.

—Ese es mi Dios que no me ha abandonado; me carga caminando porque Él es el que te venció en la Cruz del Calvario y te seguirá aplastando la cabeza por siempre.

Salí de allí, pero se podía escuchar el eco de su risa hasta el fondo de las montañas; saliendo de ese lugar, encontré otra vez al mismo muchacho y me volvió a preguntar:

—Señora Rosa, ¿por qué llora?

—Mi hijo, Alberto, mi hijo no lo encuentro.

Y comenzó a llamar por segunda vez:

—¡Medardo! ¡Medardo! ¡Medardo!

—Mande —contestó mi hijo.

—Ven acá, tu mamá te busca.

En ese momento llegó a mi lado; abracé muy fuerte a mis seis hijos y les dije:

—Mi vida se ha terminado.

Mirando a mi hija mayor, le dije:

—Yo sé que es mucha la responsabilidad para ti, hija mía, pero me ha llegado el momento, tengo que partir de este mundo y solo me quedan minutos de vida; mis hijos, ayúdense a cuidar unos a otros, a usted, hija, le encargo sus cinco hermanos hasta que su última hermana tenga 12 años de edad.

—Mami, ¿por qué me dice eso?, pero lo haré, se lo prometo.

—Cuídense mucho, mis niños, los amo, pero tengo que irme, adiós.

Y abrazándolos muy fuerte, me retiré de su lado. En ese momento llegó el padre de mis hijos.

—Préstame la linterna —le dije.

La tomé en mis manos y me fui sin decirle nada a nadie; me marché a un estero para calmar mi dolor en sus aguas. Llegando, me senté en medio de este y cuando me quise levantar, ya no pude más; entonces comprendí que había llegado mi fin, pero justo en ese momento, apareció Fernando Araujo, mi hermano menor, me alumbró y pegando gritos aterradores decía:

—¡No! ¡No! Mi hermana no, ¡Señor!, ella no, ¿por qué ella?, ¿por qué mi hermana? Ella está encargada de sus hijos, ellos están muy pequeños; yo no tengo a nadie, llévame a mí, ella es todo para sus hijos. ¿Quién se queda con ellos ahora, Señor? Mis sobrinos van a sufrir mucho, no te la lleves, Señor, sabes que es padre y madre; devuélvele la vida, por favor, Señor Jesucristo, te lo pido con todo mi corazón.

Mientras gritaba daba muchos golpes sobre la tierra, y acercándose a mí, me preguntó:

—¿Qué puedo hacer por ti, Ñaña?

—Ya nada, Ñaño, solo ayúdame a levantarme y llévame a una poza de agua más honda.

Sentía que mi espalda estaba envuelta en llamas. Me ayudó a levantarme y me llevó más arriba, donde había una poza pequeña y más cómoda para poder sumergir mi cuerpo hasta el cuello.

Unos minutos más tarde, llegaron unas veinte o treinta personas a mirar lo que pasaba; habían escuchado los gritos de mi hermano. Él era en esa época un adolescente de unos 15 años; cuando miraron lo que había sucedido, decían:

—Pero yo la vi caminando hace unos minutos; ahora está agonizando.

Entonces un cuñado del dueño de la casa preguntó:

—¿Qué vamos a hacer ahora, Manuel?

—Los enfermos a sus casas, y el resto, seguimos la fiesta en la escuela.

— ¿Cómo? —dijo el hombre que había hecho la pregunta —¿¡No te das cuenta de que a esta señora le quedan minutos de vida!? Tú eres el mismísimo diablo, ándate con todos tus diablillos que te siguen y continúa celebrando tu fiesta; yo les ofrezco mi humilde casa, aunque un poco vieja, para que lleven a todos los que están heridos hasta que amanezca y podamos ver qué podemos hacer con ellos. Así nosotros amanezcamos abajo, si toca velar a esta pobre mujer, la velaremos; presten una sábana para poder transportarla hasta mi casa.

En ese momento llego mi madre, quien también estaba un poco herida; se había quemado el codo izquierdo y le dolía mucho. Al mirar cómo estaba yo, casi agonizando, se quedó sin palabras. Muy apenada, se quedó tranquila con el dolor por dentro de su corazón.

Mi marido no sabía qué hacer, se había quedado sin palabras también; tal vez recordaban lo que les había dicho y no quisieron escuchar; sentían remordimiento. Los vecinos me subieron en la sábana y me cargaron hasta la casa que nos habían ofrecido para amanecer. Estando allá dijo el hombre:

—Pongamos a esta señora en la cama, ya son sus últimos minutos de vida. Mujer, mañana podemos lavar todo lo que quede sucio.

Un poco después entró mi madre muy triste y dijo:

—¿Qué hago ahora, hija?

—Ya nada, mamita —le dije a media voz —pero vaya a la casa y envíeme a mi padre, se lo ruego, madre, dígale que no tarde porque siento que mi vida se agota en cada instante que pasa.

—Me voy rápido y me llevo todos los niños —respondió.

Tenían que caminar una hora mientras yo solo suplicaba a Dios que me devolviera la vida. Suplicaba que lo hiciera hasta que mi última hija tuviera doce o quince años.

Mi objetivo más grande de mi nuevo destino era ayudar a mis hijos hasta que fueran grandes, bueno… hasta que tenga vida y pueda brindarles mi apoyo en cualquier circunstancia de la vida. No sabía lo que ocurriría más tarde, no tenía idea de las bendiciones que Nuestro Señor Jesucristo traería en esta nueva oportunidad de vida.

Toda una mujer bendecida por Dios sin conocerlo

Al pasar el tiempo, apareció un criminal en la vecindad; yo ya era mayor de edad, recién había cumplido mis 18 años; él tenía como unos 32. Me declaró sus sentimientos, pero a mí no me interesó ni en lo más mínimo; este varón no quiso aceptar mi negativa y se obsesionó tanto conmigo, que llegó a expresarme que, si no era para él, no era para nadie. Fue así como ocho meses más tarde, escuchó a mi madre cuando nos envió a mi hermana y a mí, a uno de los lugares más retirados de la casa para cosechar café. Aprovechando la oportunidad, este señor hizo la salida a la cancha para que nadie sospechara y se ocultó entre los matorrales antes de que mi hermana y yo llegáramos al lugar donde se encontraba el producto a cosechar.

De repente vi la sombra del ángel de mi compañía; estaba parado delante del matorral de toquilla. Entonces le dije a mi hermana:

—Ñaña, hasta el nombre me quito si Santo no está detrás de ese matorral.

A lo que ella respondió:

—Estás loca.

El sujeto pensó que lo había visto y salió enseguida con un puñal en la mano derecha.

—Te lo advertí, que si no me querías por las buenas tendrías que quererme por las malas, y ha llegado el momento. Ahora, si no te vas conmigo te mato ahora mismo.

—Ya para mí la vida no vale nada, así que terminemos con esto de una vez por todas; me matas o yo te mato, pero jamás me iré contigo, ni mucho menos te llegaré a querer como hombre. Como te dije siempre, como amigo te acepto, pero desde este instante, si quedamos vivos, seremos enemigos para siempre —le respondí.

—¡No la mates! Por favor, te lo ruego —suplicaba mi hermana.

Con desesperación y cobardía, ella me dijo:

—Ñaña, ándate con Santo aunque no lo quieras, pero no dejes que te asesine; más tarde vemos qué pasa, no quiero verte muerta.

—Ándate tú, prefiero morir antes que entregarme a este infeliz —le respondí.

Agarré fuertemente el machete en mi mano derecha y con la izquierda me sostuve del cabello de mi hermana para no resbalar al subir la loma.

—Y usted, señora Clemencia, lárguese, si no quiere tocar parte usted también —amenazó Santo a mi hermana.

—Tú no te vas a ningún lado, porque serás la única testigo de lo que va a pasar hoy —le repliqué a mi hermana.

—Avanza, si eres hombre, mátame, aquí estoy —le dije mientras comenzaba a caminar hacia arriba, hasta que logré llegar a la cima.

Cuando estuve en la planada pude mirar sus ojos llenos de cobardía, y entonces desahogué mi ira diciéndole todo lo que creía de él; también le hice entender que no se hiciera ilusiones conmigo. Fue así como nuevamente salí de este problema; él hasta me estaba amenazando con un hueso de muerto para que le siguiera.

Por eso puedo decir que, a veces, las niñas y niños son atemorizados con algo a lo que le tienen miedo; por esta razón debemos hablar con nuestros hijos y darles a entender que no todo lo que escuchan de los mayores, es verdad; como cuando en presencia de ellos, cuentan historias espeluznantes o miran películas que no están acorde con la edad de las de ellos.

Las malas personas se aprovechan de la debilidad de los inocentes para hacerles daño, y la mayoría de las madres no nos damos cuenta de lo que les puede estar pasando a nuestros pequeños. Como madre, les puedo decir que no todas las personas que albergamos en nuestro hogar, a las que alimentamos y que, además les brindamos un techo para ayudarlas, nos pueden agradecer cuidando nuestros hijos. ¡No le confíe sus hijos a nadie!

Abramos los ojos; sus intenciones pueden ser perversas. Debemos saber escoger a los verdaderos amigos. Si nos damos cuenta, la amistad es uno de los regalos más preciados que podemos dar y recibir, ellos son un tesoro. Dios nos creó para relacionarnos, no para estar solos y apartados de los demás, pero respetándonos los unos a los otros.

Más tarde apareció un joven un poco mayor que yo declarándome sus sentimientos, pero no me atraía, así que solo le ofrecí mi amistad, lo que a él no le interesaba; a mí no me convenía porque tenía mala fama de ladrón y criminal, incluso, inspiraba miedo y desasosiego. Él y sus hermanos frecuentaban el barrio, y las personas del lugar apenas los veían llegar, cerraban las puertas de sus casas… sólo quedaba abierta la cantina que ellos elegían para beber.

Bueno, de todo lo que había vivido en la vida, esto era lo peor que me estaba pasando; allí pude sentir el verdadero miedo, sería porque para mí ya la vida tenía sentido, ahora valía la pena vivirla. Hasta ese entonces ya me había enamorado de una persona y habíamos estado a punto de casarnos, pero por las circunstancias de la vida, nos habíamos distanciado.

Pasando unos años me volví a enamorar… no era igual esta relación, pero mis padres me habían dicho que, si volvía con mi primer enamorado, me olvidara de ellos para siempre. No me quedaba otra salida que volver a enamorarme de otra persona y, aunque estábamos distanciados, por lo menos ya sabía valorar mi vida, aunque sea un poquito; sin embargo, esa no era razón para permitir que se acercara alguien a quien yo no quería y más aún con chantajes. Este sujeto me hizo pasar unos seis meses con mucho miedo, pero jamás se lo mostraba. Llegaba a la casa con un hermano que estaba enamorado de mi hermana y me amenazaba con matar a mi padre; yo le trataba de hablar lo más bonito que podía para evitar que fuera a hacerme daño a mí o a mi padre; ahora pienso, que tal vez Dios me dio una prueba para ver si ahora le fallaba.

Recuerdo que un veinticuatro de diciembre él vino a la casa a invitar a mi madre a que fuera a la casa de su mamá para celebrar la Navidad; yo me hice la enferma porque no quería ir a esa fiesta en su casa, entonces me dijo:

—Más vale que te levantes, porque si no vas, ya sabes... buscaré a tu papá en la cantina.

Mi padre bebía casi todos los sábados; esa noche era el último plazo que me había dado para mi repuesta, pero según él tenía que ser sí, porque la vida de mi padre estaba en juego. Yo no sabía qué hacer, veía que todo estaba perdido, ya no tenía escapatoria.

Pero Dios tenía todo preparado. Esa noche, apareció una chica en la fiesta y anduvo con los dos hasta la madrugada; a eso de las dos de la mañana, él me preguntó:

—¿Es verdad que no me quieres nada, Rosa?

Me di cuenta de que esta era la oportunidad para deshacerme de él y le dije:

—Entiende, por favor, yo no te amo.

En ese momento, me dio un abrazo muy fuerte y me dijo:

—Te amo con toda mi alma, y yo te digo que lo que no nace no crece.

—No te puedo mentir, yo no te amo y nunca te amaré —le respondí.

—Entonces te voy a dejar en paz por un tiempo, pero si me va mal regreso a buscarte, porque mi amor hacia ti sigue; más te vale que te cases pronto y que el hombre que te tenga te valore de verdad, porque si no es así, te rescato de él y si es necesario, lo asesino.

Entonces nos despedimos quedando como amigos. En muy poco tiempo supe que se había comprometido con la chica, y unos cinco años más tarde cuando su esposa tenía dos hijos, que lo asesinaron. Lo único que sé, es que la fe puede mover montañas.

A veces nos pasan cosas maravillosas sin darnos cuenta de dónde vienen nuestros socorros para darnos mejores días; no entendemos que viene por medio de ese ser Supremo que nos guarda siempre bajo su manto y nos brinda nuevas oportunidades para llevar adelante nuestras vidas, llevándonos por el camino de salvación. ¡Pero nosotros somos ciegos para lo bueno y activos parar los malos actos!

Cuando alguien nos habla de Dios, muchas veces nos sentimos mal y nos desaparecemos de ese lugar sin pensar que le vamos a servir a Satanás; pero en los lugares donde habita el pecado, somos felices, bebiendo, jugando cartas, estando en las discotecas, en los bares, etc.

Todos nosotros sabemos hacer lo bueno, sin embargo, hacemos lo malo.

En la Biblia nos habla en **Santiago: 4: 16-17**: "Pero ahora os jactáis en vuestras soberbias. Toda jactancia semejante es mala; y al que sabe hacer lo bueno y no lo hace, le es pecado".

Isaías 5: 20: "¡Ay de los que a lo malo le dicen bueno, y a lo bueno malo; que hacen de la luz tinieblas, y de las tinieblas luz; que ponen lo amargo por dulce, y lo dulce por amargo!"

1ra de Corintios 15:33: "Y el DIOS de paz sea con todos nosotros".

CAPÍTULO III
Tercera parte

Ya eran las cinco de la mañana cuando escuché los pasos muy apresurados de mi hermoso padre; se acercaba al patio de la casa donde me encontraba aislada en una cama, escuché que dio los buenos días y preguntó:

—¿Cómo se encuentra mi hija?

—Muy mal, Don Alejandro, no sé cómo resiste tanto si está en agonía, su respiración es muy corta.

—¿Será que se salva?

—Dios es grande, pero su hija no es para esta vida, ya la perdimos —respondieron.

—Entonces quiero verla.

—Siga adelante.

Llegando cerca de la cama, suspiró largamente, y con decepción en su rostro me preguntó:

—¿Qué puedo hacer por ti, hija?

—Quiero que me conceda el último deseo, padre, lléveme a su casa, y si llego viva, quiero morir mirando a mis hijos, por favor, no deje que me lleven para afuera, a la ciudad, porque mi vida se terminará más rápido; intente llevarme a su casa, por favor, se lo ruego, padre, no me separe de mis hijos.

—No se preocupe, hija, así se hará.

Bajó de la casa y les pidió el favor de que le ayudaran a llevarme en una hamaca hasta su domicilio; todas las personas que se encontraban allí le prestaron sus fuerzas para trasladarme a su hogar.

En el trayecto del camino, mi vida parecía que se terminaba, mi alma ya estaba a punto de irse; pero, por otro lado, yo luchaba con todas mis fuerzas para no quedarme sin aliento de vida. Al final, alcancé a llegar a la casa de mis padres, gracias a Dios, por eso les digo que la fe puede mover las montañas.

Después de unos dos o tres días, el cuarto donde me encontraba apestaba como una mortecina de ocho días; era un olor horrible que no la podía soportar ni yo misma, y menos las demás personas.

La situación era desesperante; me comencé a sentir abandonada por mis seres queridos, porque me daba cuenta de que llegaban menos tiempo a mirarme.

Por otra parte, mis niños tenían miedo de entrar al cuarto; estaba en un toldo para cubrirme y que las moscas no me dejaran gusanos. Por su parte, mi estimado marido, al tercer día se fue de fiesta abandonándome, diciendo palabras groseras porque mi madre le pidió que, como marido, me ayudara a bañar. Eso lo tomó como si le estuvieran ordenando y obligando a hacer algo que no le competía; mi soledad se asentaba más al ver estas discusiones.

Al tercer día de esta agonía, mi vida dio su último aliento de vida y me fui.

Solo recuerdo que iba en el aire, y cuando pude asentar mis pies, comencé a caminar por un túnel que estaba al frente. Cuando había caminado unos quince metros por el túnel, paré y miré una puerta que se abría y cerraba a mi lado izquierdo, entonces me detuve, diciendo: "Señor, tú sabes que yo en el mundo era curiosa y aquí sigo siéndolo; tengo que ver qué misterio tiene esa puerta". Acercándome lentamente esperé que se abriera, le puse mi cuerpo y fui empujando poco a poco entrando mi cabeza para mirar qué pasaba allí.

Mi sorpresa fue que había un círculo muy grande de mujeres vestidas de blanco; estaban de rodillas con sus manos unidas y la cabeza inclinada, pero solo miraba una parte y mi curiosidad me hacía querer ver todo el círculo. Traté de ingresar un poco más, hasta el tórax de mi cuerpo. Me incliné para observar y vi a unas cien mujeres, tal vez un poco más. Cuando quise retroceder, la mujer que estaba en frente levantó su cabeza y me dijo:

—Por fin llegaste, hace tres días que te estamos esperando aquí de rodillas, pónganse de pie, por fin ha llegado; vamos, entra, ¿por qué tardaste tanto?

En ese momento me di cuenta de que estaba de pie.

—No se burle de mí, porque yo no puedo estar parada, estoy en una cama de pena agonizando ¿por qué me hace esto?, ¿es que no tiene compasión de mí? Mis piernas están cocinadas, por eso no puedo estar parada.

Agachándome me apretaba mis piernas con fuerza. ¡Estaba sana! ¡No, esto no puede ser verdad!

—Sí, es verdad; estás muerta, la que sufre el dolor es tu máscara, este es tu espíritu, por eso estás sana.

—¡No, no, yo no puedo estar muerta! Tengo que criar a mis hijos.

—Ven, entra a esta ronda, vamos a celebrar con una danza tu llegada.

—Yo no sé danzar, en el mundo nunca bailé una danza.

En ese momento la mujer llamó a dos más y le susurró en el oído a una de ellas; luego se marchó corriendo por un prado hermoso con un color verde inexplicable.

También pude observar que los caminos allá tienen curvas tales como las del mundo, y en silencio le pregunté a mi Señor: "¿por qué los caminos de este lugar tienen curvas como las del mundo?"

—Lo que tú haces no lo hace nadie, Señor, tus obras son maravillosas, te pido con humildad, que le enseñes a bailar la danza de llegada al paraíso —le pidió al Señor.

—¿Quiénes son ustedes? —pregunté.

—Somos las ánimas de Dios —respondieron.

—¿Por qué han hecho ese sacrificio tan grande de estar de rodillas si yo no soy digna?

—Eso es lo que tú crees, pero para Dios eres muy importante.

Comenzaron a cantar y a danzar; y cuando estábamos bailando escuché la voz de mi hermana que le decía a mi padre:

—Ha muerto.

—Esperen, déjenme escuchar —les dije a ellas.

—Estás escuchando mal, tu padre está bien, tu hermana lo que dice es: "vengan, que mi hermana está muerta".

—No, tengo que irme; mi padre es el único que siempre me ha cargado en sus brazos cuando yo he estado enferma, por eso tengo que verlo por última vez.

Y corrí a la puerta para regresar. Cuando llegué, miré un candado muy grande y me sentí perdida, regresando la mirada hacia ella, le pregunté:

—¿Quiénes son ustedes en verdad?

—Somos las ánimas de Dios.

—Ustedes no son las ánimas de Dios, ¿Cómo puedes decir eso? Las ánimas de Dios no son tramposas; cuando llegué la puerta estaba abierta, ¿por qué ahora está cerrada?

—Porque esa es la orden que tenemos de Dios; además, tu padre va a vivir muchos años, tus hijos se harán grandes y tu padre seguirá vivo; ven, ya estás en la gloria, ¿qué más quieres? Aquí no se siente dolor ni tristeza… ¿tan mal te ha pagado el mundo y todavía no lo quieres dejar? Ya sé, es por tu querido maridito, ¿quieres ver con quién está en la cama mientras que tú estás muriendo? Ven, míralo.

—No quiero mirarlo, además, a él renuncié desde el momento en que me obligó a ir a esa fiesta; quiero regresar a terminar de criar a mis hijos.

—Tu marido nunca te ha querido, entiéndelo; quédate aquí, esta es la gloria.

— ¿No entiende que tengo que regresar por mis hijos? Ellos me tienen solo a mí, por eso tengo que volver, déjeme ir, por favor.

—Bueno, solo te queda una opción.

—¿Cuál?

—El abismo, míralo.

Muy apenada miré un espacio muy pero muy oscuro, de verdad eran unas tinieblas tremendas.

—No me importa, si tengo que irme por ahí, me voy; por amor a mis hijos haré lo que sea.

En lo que intenté correr, se agarraron muy fuerte las manos para cerrarme el paso; parecía imposible atravesarlo.

—Una cosa te digo...

—¿Qué? —respondí.

—Si te vas por el abismo, no podrás regresar a tu cuerpo porque ya estuviste mucho tiempo fuera de él, ni volver acá porque ya no encontrarás el camino de vuelta, ¿eso es lo que quieres para tu alma?

—Eso lo sabe solo uno.

—¿Quién?

—Solo Dios, Nuestro Señor Jesucristo.

De pronto, miré que llegaba la mujer que había caminado por el prado y la otra le preguntó:

—¿Qué dijo?

—Dijo que no la dejen ir por nada del mundo, que Él ya viene.

Entonces vi que dos mujeres que estaban con dirección al abismo abrían y cerraban sus manos; disimulando fui retrocediendo poco a poco, esta era mi oportunidad de escapar y tenía que aprovecharla sin que ella se diera cuenta.

Cuando miré a lo lejos que el hombre se estaba acercando, sin esperar más tiempo me tiré al abismo. Cuando llegué a mi cuerpo, ya no podía respirar de verdad, y de la desesperación me paré; después de unos minutos llegó el aire a mi vida nuevamente, y rápidamente pregunté:

—¿Qué le pasó a mi padre?

—Era usted la que había muerto —me contestó mi hermana.

Escuché a mi padre que subía las escaleras, entró al cuarto y me puso la mano en mi cabeza diciendo:

—Gracias, Señor Jesús, por devolverme a mi hija.

—Hija, ya pasó lo que tenía que pasar, ahora luche por su vida en el nombre Poderoso de Dios.

Nunca me puedo olvidar de esa frase que me dijo mi padre. Cuando pasaron los dieciocho días, mi hermana Mercedes Araujo y mi cuñada María

Quiñonez, me alzaron en el aire para que mi piel se preparara para cuando me levantara de ese lecho muy doloroso; no me van a creer, pero mis piernas se rompieron en forma circular y la sangre corría dejando huellas en mi piel, sentía un dolor inmenso.

Luego de ocho días más, comencé a dar mis primeros pasos agarrándome de las paredes; poco a poco comencé a caminar, tomando la decisión de volver a mi hogar con mis niños, pero no sin antes agradecerle a Dios por darme otra oportunidad de vida para luchar por lo que habría de venir en mi nuevo destino.

Estaba decidida a seguir adelante, aún con los obstáculos que viniesen en el trayecto del camino de la vida y en el desarrollo de mis hijos. Pedía a Dios con todo mi corazón que todas las oportunidades que me había ofrecido en mi niñez a través de algunas personas, y que no tuve la forma de llegarlas a realizar, se las diera a mis hijos, ya que tal vez, yo no podía ofrecérselas porque era simplemente una ignorante que había terminado la primaria (sexto grado).

Pero… ¿qué con los planes de Dios? ¿Cómo sabría lo que iba a suceder más tarde en mi nuevo destino? ¿Será que las oportunidades vendrán para mis hijos o para mí?

Si nos damos cuenta, estas promesas están escritas en el libro de **ISAIAS. 41:10**: "No temas, porque yo estoy contigo; no desmayes, porque yo soy tu Dios que te esfuerzo; siempre te ayudare, siempre te sustentare con la diestra de mi justicia".

Lo que me habían dicho las ánimas, no se lo conté a nadie, tenía mucho miedo de que mi madre y mi marido me fueran a mandar al manicomio; tal vez iban a creer que estaba loca, así que me guardé ese secreto para mí; pero al pasar los días no me sentía bien, ahora sí que quería volverme loca de verdad, todo lo veía diferente; lo raro era cuando pasaba a orillas del río, me temblaba todo el cuerpo, sentía un frío tremendo

Pasado los meses, me sentía como si este mundo no me interesara para nada, me encontraba muy confundida por todo lo que me habían dicho las ánimas. Fui entonces en busca de ayuda médica, creyendo que me darían una solución a mis interrogantes, pero como ustedes saben, todo lo que viene por manos de Dios no tiene respuesta para el hombre, y me confundieron mucho más.

Unos días después, me quedé hasta muy tarde despierta junto con mis hijos, contándoles anécdotas con el objetivo de sembrar el temor hacia Dios, hasta que se quedaron dormidos. En ese momento me arrodillé, y llorando muy desesperadamente le pedí con todo mi corazón a Dios, que me mande un niño, un familiar que ya no exista en este mundo, o que venga disfrazado del viejo como siempre se me presentaba en mis sueños.

Por la gloria de Dios, esa noche tuve la bendición de conversar con Nuestro Señor Jesucristo; cuando me quedé dormida escuché una voz que me decía:

—Rosa, hija, levántate; soy yo, Dios.

Al abrir mis ojos, alcé la mirada al cielo y vi una raya de luz que partía el cielo en dos partes, era tan gruesa como una hebra de hilo; poco a poco se fue abriendo, y en medio de ella aparecía cada vez más y más, Nuestro Señor Jesucristo; se desplegó de pies hacia abajo parándose sobre un madero en mi cuarto, y me dijo:

—No temas, hija, porque hasta hoy estuviste sola y con miedo. De hoy en adelante, yo estaré contigo, y puerta que toques se te abrirá; a donde quiera que vayas, yo estaré contigo.

Poniendo sus pies en el suelo me dijo:

—Ven, hija mía, pregúntame todo lo que quieres saber, aunque hay algunas cosas que no te las voy a responder.

— ¿Por qué Señor, si tú todo lo sabes?

—Porque tú también debes encontrar las respuestas de algunas de ellas.

—Señor, ¿por qué viniste tú si yo no soy digna de tu visita?

—Eso es lo que tú crees, pero para mí eres muy importante.

—¿Por qué no mandaste a otro para que responda mis interrogantes?

—Porque solo yo puedo entregarte tu nuevo destino —me dijo.

Mientras tanto, yo aprovechaba para besarle sus hermosas manos.

—Ven —me dijo.

Salimos a un cuarto que se encontraba desocupado y plasmó en una pantalla gigante mi destino.

—Ese es tu nuevo camino —me dijo.

Allí estaba yo, con otra mujer y con unos caminos muy curvados; entonces dije:

—¿Por qué tantas curvas en mi vida, Señor?

—Porque ese es tu nuevo destino —me dijo —solo hay uno recto y largo.

—¿Qué significa ese camino, Señor? —pregunté, pero rápido le dije —ya sé que me quieres decir, ¿me dice qué voy a viajar a otro país?

—Esa pregunta no te la voy a responder.

—Pero Señor, dime si voy a viajar a otro país, por favor.

—Tal vez sí, o tal vez no —me dijo.

—Pero esos caminos curvados no me gustan para nada, ¿qué me quiere decir con eso, Señor?

—Porque así va a ser tu nuevo destino, y este es tu final.

No me van a creer... Pero otra mujer y yo, estábamos en esa pantalla ya muy ancianas y con bastones; no teníamos fuerzas para seguir avanzando la senda que nos conducía hacia la llegada donde nos estaban esperando; mi compañera estaba muy, pero muy cansada, y de repente me dijo:

—Ya no puedo más —recostándose a orillas del camino.

También yo me recosté, pero ella alzó la cabeza y me dijo:

—Rosa, sigue adelante, si tú llegas, yo también llego, vamos, levántate y camina.

Me levanté y me fui, pero mientras caminaba vi una pequeña choza muy vieja; tenía que bajar una loma y subir otra. A lo lejos vi una mujer vestida de negro con un velo blanco que cubría sus hombros y su espalda; ya estaba cerrando la puerta, entonces le grité:

—Espere, aquí voy, no cierre la puerta, estoy llegando.

Pero la puerta se cerró. Ella no me escuchó, ya iba a cerrar la ventana y miró por última vez; alcé la mano derecha y dije:

—¡Eh! Aquí estoy.

—Por fin llegaste, ven, hija mía, sube.

Me ayudó a subir por la ventana, allí había un sillón viejo y me dijo:

—Siéntate, descansa, Rosa, descansa.

Me recosté sobre el sillón muy cansada de andar por el mundo, pero gracias a Dios alcancé a llegar.

—Padre, ese día que estuve allá, ¿yo fallecí o no?

—Tú lo sabes, ¿por qué me preguntas eso?

—Pero dos médicos me dijeron que eran delirios.

—Porque el hombre mientras no tenga dinero o una profesión cree en mí, pero cuando ya es profesional o tiene dinero se cree un dios, y todo lo que hizo, dice que fue por sus propios esfuerzos, lo que no sabe es que yo le doy la sabiduría para que pueda ayudar a otros —Él me contestó.

—¿Por qué el hombre es mal agradecido, Señor? —le pregunté.

—Porque así es el mundo —me respondió.

Esto lo podemos ver reflejado en el libro de *JUAN 8:12*: "Otra vez Jesús les hablo, diciendo: Yo soy la luz del mundo; el que me sigue, no anduviera en tinieblas, sino que tendrá la luz de la vida".

Si nos damos cuenta, Jesús me dio a entender que el hombre sabio no es el que tiene cantidades de dinero, títulos ni el más inteligente, sino el que hace su voluntad.

Proverbios 22:6-12: "Porque Jehová da la sabiduría y de su boca viene el conocimiento y la inteligencia. El provee de sana sabiduría a los rectos; Es escudo a los que caminan rectamente. Es el que guarda tus veredas del juicio y preserva el camino de sus santos. Entonces entenderás justicia, juicio y equidad y todo buen camino. Cuando la sabiduría entrare en tu corazón y la ciencia fuere grata a tu alma, la discreción te guardará; te preservará la inteligencia, para librarte del mal camino, de los hombres que hablan perversidades".

Después le pedí un favor:

—Si el dinero algún día me va a alejar de ti, entonces no me des; dame solo para sobrevivir en este mundo y sacar adelante a mis hijos.

Luego pregunté:

—¿Por qué me devolviste la vida, Señor?

—Porque no me puedo llevar a alguien que quiere hacer algo bueno en este mundo, y tú me pedías que te devolviera la vida para ayudar a criar a tus hijos.

—Ahora entiendo, me devolviste la vida hasta que mi última hija tenga 12 años o hasta que tenga 15 años, dime, Señor, ¿cuál de las dos fechas me vas a llevar? Para dejar arreglado todo lo que tenga que hacer con tiempo.

—Esa pregunta no te la voy a responder, solo tú la harás, porque después de tus hijos, hay muchos niños más que te necesitan.

En ese momento pude comprender que tenía que prepararme, y le dije:

—No, otros niños, no, Señor; entonces quítame la vida ahora mismo, porque yo no puedo ayudar a otros niños que no sean mis hijos. Yo soy una ignorante, no estoy preparada para ayudar a otros niños, ¿por qué me haces esto?

—Porque lo que yo he hecho contigo "es un milagro", y mis milagros son muy caros para pagarlos; nadie te creerá que fuiste quemada, ahora solo te pido dos cosas: que escuches tus sueños y sigas tus pies; puertas que toques se te abrirán porque ahí estaré contigo.

Todo tiene su tiempo, estas palabras sabias las podemos sustentar cuando nos dice *Eclesiastés 3:1-8*: "Todo tiene su tiempo y todo lo que se quiere debajo del cielo tiene su hora. Tiempo de nacer, tiempo de morir, tiempo de plantar, tiempo de arrancar lo plantado; tiempo de matar y tiempo de curar, tiempo de destruir y tiempo de edificar; tiempo de llorar y tiempo de reír, tiempo de endechar, tiempo de bailar; tiempo de esparcir piedras y tiempo de juntar piedras, tiempo de abrazar y tiempo de abstenerse de abrazar; tiempo de buscar y tiempo de perder; tiempo de guardar y tiempo de desechar; tiempo de romper y tiempo de coser; tiempo de callar y tiempo de hablar; tiempo de amar y tiempo de aborrecer; tiempo de guerra y tiempo de paz".

—¿Señor, puedo contar todo lo que has hecho conmigo? —seguí preguntando.

—Puedes hacerlo si quieres, pero una cosa te voy a decir: quedarás decepcionada, porque de 100, solo uno te creerá.

—¿Señor, tanta es la diferencia?

—Así es el mundo —me dijo.

—¿Señor, es verdad que mi marido no me quiere?

—Esa respuesta tú la sabes, ¿ha estado cuando lo has necesitado a tu lado o está a tu lado ayudándote con tus hijos siempre?, ¿será que pasa tus necesidades junto a ustedes?

—¿Señor, puedo alejarme de él algún día?

—Eso depende solo de ti.

—Señor, las mujeres que me recibieron me dijeron que eran tus ánimas, ¿eso es verdad?

—Sí, son mis ánimas.

—Entonces, ¿todo lo que me dijeron es verdad?

—Es verdad, ahora me voy; adiós, hija.

Pasó el tiempo, me recuperé y comenzó a cumplir su promesa; mis sueños eran que llegaba a un colegio y tenía que estudiar; ustedes se imaginarán que para mí era la humillación más grande que Nuestro Señor me hacía; regresar al colegio teniendo mis seis hijos. ¿Dónde estaba ese colegio que recibiría a una vieja en sus aulas?

Pero, como para Él nada es imposible, en el 2001 mandé a mi hija mayor al colegio, matriculándola en uno de los más pobres porque no tenía dinero para llevarla a uno de buena imagen; pero eso no fue un obstáculo para los estudios de mi hija; aprobó con las mejores notas el año Lectivo: 2001-2002.

En el año Lectivo: 2002-2003, mi hija se reveló y no quiso volver donde había estudiado su primer curso porque le fue muy mal; entonces comprendí que se acercaba el momento de seguir las instrucciones de mi Señor, pero no quería aceptarlo; salí a matricular a mi niña mayor en un colegio a distancia porque no tenía recursos para que estudiara en uno presencial; al llegar, la directora me dijo:

—Estos colegios son para adultos, recibimos a los niños para que no se queden sin estudio.

—No puede ser —dije yo.

—Vamos, señora, anímese usted —me animó la mujer.

En mi mente decía: "no, Señor, no me puedes hacer esto, porque sabes que, si tengo para mi hija, no tengo para mí.

—¿Qué me dice, señora? —replicó la directora Emma Moreno.

—No puedo, licenciada.

— ¿Por qué no puede?

—Porque maestra, yo soy muy pobre y no voy a tener para pagar la mensualidad; si tengo para mi niña, no tengo para mí.

—Por eso no se preocupe, ¿usted sabe criar gallinitas, chanchitos?

—Sí, licenciada.

—Entonces, ¿cuál es el problema?

—Es que a veces por lo lejos, no quieren comprar animales, y le voy a quedar mal.

—No se preocupe, yo sé que usted es una buena pagadora; la gente me ha hablado mucho de usted, y aunque recién tengo el gusto de conocerla, ya la conozco por las referencias.

—Bueno, si es así, con su ayuda voy a probar por lo menos un mes.

—Cuente conmigo, y si algún profesor en horas de examen no le quiera dejar rendir las pruebas, me avisa de inmediato que yo arreglo eso. Sea a usted o su niña; y si usted desea, su niño también puede recibir clases aquí.

—Bueno, maestra, inscríbame a mí y a mi hijo, pero si no funciona, me retiro.

Mis amigos y amigas me preguntaban:

—¿Para dónde sale todos los sábados, señora Rosa?

—Ay, vecina, me da hasta vergüenza decirle.

—¿Qué, vecina?

—Estoy estudiando.

—¡Qué bueno, la felicito!

Lo bueno de este reto fue, que Nuestro Señor Jesús me tenía todo preparado; tuve personas que me apoyaron como guía en mis libros de clases, tanto extranjeras como ecuatorianas; sin pensar que me esperaban los niños de mi comunidad cuando estaba cursando el Noveno Año de Educación Básica.

Después de pasar seis largos años de esfuerzo, me gradué; digo esfuerzo porque tenía que trabajar y estudiar. Para salir al colegio tenía que caminar catorce horas; tenía que salir un día antes para poder recibir clases junto a mis dos hijos mayores. Cuando no tenía para comprar la comida, regresábamos caminando, llegando al amanecer a nuestro hogar; esto fue muy difícil para nosotros, pero tampoco era imposible. La gente se admiraba y hasta pensaban que nuestro esfuerzo era increíble; no porque no fuéramos capaces del estudio, sino por la distancia del camino.

Este nuevo destino me ha costado la existencia de mi vida; he tenido que pasar momentos muy, pero muy desagradables. Pero con la bendición de Dios, he podido resistirlos y salir adelante.

A pocos días de mi graduación, me matriculé en la Universidad Indoamérica, donde llegué a licenciarme en Ciencias a la Educación, Mención Básica. Pero lo más importante, fue cuando comencé la misión de ayudar a otros niños por medio de una escuela, dar clases sin tener ningún título.

Todas las personas se quedaban admiradas al ver que una mujer insignificante estaba al frente dirigiendo una institución y liderando a una comunidad.

Las personas más tituladas de las oficinas donde pasábamos reporte, siempre me brindaron su apoyo desinteresadamente, iniciando mi labor incondicional en la comunidad Las Carmen (Río Mono), en la Escuela Las Mercedes, en la Parroquia Cube, Cantón, Quinindé, en la Provincia Esmeraldas. Había esa necesidad en mi comunidad, y fue de gran bendición el poder compartir mi experiencia de todos los milagros que Dios había hecho en mi vida. Encaminaba a mis estudiantes hacia el temor de Dios; bueno, de una forma vivida en carne propia, no por medio de su Palabra, porque en ese tiempo no tenía la oportunidad de conocer la sagrada escritura de mi Señor Jesucristo.

Mi vida sentimental

Cuando me comprometí con mi marido, pensaba que mi vida cambiaría, o sea, ya no tendría que trabajar como lo hacía con mis padres; pensar esto fue un error, porque al llegar al lugar donde él vivía, percibí que ya no tenía nada de lo que sus padres le habían heredado, tanto a él como a sus hermanos. Eran tres hectáreas de tierra, pero sólo había pastizales, pocas plantas de café, cacao, plátano y frutas. Como verán, me tocó trabajar más duro que antes, en mi vida de soltera.

Este fue sólo el comienzo... el resto de mi vida lo estaba marcando para siempre. Al poco tiempo de casada, me di cuenta de que el hombre elegido no era lo que yo esperaba para mi vida. Pero mi madre era de las mujeres que aseveraba que cuando uno se unía a un hombre, era para toda la vida, sin importar el cómo vivirían. Como desde niña recibí muchas humillaciones de ella, en mi corazón se sembró la idea de que ese era el destino que me había tocado vivir. Así que pensé que, llenándome de hijos, tendría el amor que tanto anhelaba, y que, si me volvía esclava, era para sacarlos adelante con mis propias fuerzas; además, tenía la convicción de que las mujeres habíamos sido criadas para parir. De esta manera llegaron a mi hogar cinco hermosas princesas y un príncipe valiente; la primera fue mi hija Rocío Magdalena Quiñonez Araujo, quien entró a nuestro hogar el día 18 de junio de 1987, luego mi hijo Medardo Antonio Quiñonez Araujo, el día 8 de junio de 1988.

En el año 1989, el 20 de mayo, salimos la familia de mis padres y mi familia, en busca de mejores días, tomando rumbo hacia la provincia de Esmeraldas, Cantón, Quinindé, Parroquia Rosa Zarate, comunidad Río Mono, Las Mercedes.

No imaginamos la tragedia que pasaríamos en el trayecto de este cambio de residencia. Ese día salimos de nuestro hogar a las seis de la mañana y llegamos como a la una de la tarde a Herrera, comunidad donde nos dejó el carro; entonces salimos caminando y cargados, porque en ese entonces no teníamos ninguna acémila. Llegamos en la noche a la comunidad "Y" de la Laguna, allí pedimos posada a don Arnulfo Loor, saliendo al día siguiente a las seis de la mañana, pensando que llegaríamos por fin a las 11 de la mañana a nuestro nuevo hogar. Como nos fue imposible cumplir con el itinerario que nos habíamos trazado, volvimos a solicitar posada, pero esta vez a don Felipe Mora; salimos al día siguiente a las seis de la mañana para llegar a nuestra casa al medio día, pero también fue imposible. En ese medio día, mi madre se llevó una gran sorpresa: llegamos donde una amiga de su infancia y ella nos brindó almuerzo, luego de este departir, cogimos camino nuevamente y por fin llegamos a nuestro destino a las cuatro y media de la tarde, muy pero muy cansados; ya se imaginarán, con tres niños de brazos, uno de ocho años y otra de diez años, más siete personas adultas.

Fue un viaje de tres días, para todos fue nuestra primera vez, excepto para mi padre. Después de una semana, estábamos muy felices… bueno, algunos de nosotros, otros no, pero con el tiempo nos fuimos adaptando. Yo en especial viví en la casa de mis padres un poco más de un año; el padre de mis hijos andaba en amoríos con una vecina. Cuando me enteré, le pedí que me ayudara a hacer una pequeña casa, así fuera de caña guadua, aunque él vivía más por fuera que con nosotros, su familia.

Carmen Manabí me dijo que para qué quería casa, si él no pasaba con nosotros la mayoría del tiempo; la razón, como tú sabes, era por los niños; ellos peleaban con mi sobrina que estaba a cargo de mis padres, y como madre, me sentía muy mal. Sabía que iba a estar sola, pero mi intención era que él se responsabilizara de nuestra familia. Pensé que, al vernos solos, iba a buscar alguna solución para estar siempre cerca de sus hijos; pero lamentablemente no fue así, hasta esa fecha ya había nacido mi pequeña Ángela Aracely Quiñonez Araujo, el 5 de mayo de 1991.

Cuando salí embarazada de ella, caí de rodillas en el patio de mi casa, llorando y pidiendo a mi Dios con todo mi corazón que me diera el sexo, sea hombre o mujer, pero en adelante que los demás fueran del mismo sexo; esto porque era muy pobre, y la ropa que dejaba la mayor o el mayor, quedaba para los más pequeños. Así fue como sucedió con la vestimenta, porque Dios me concedió ese milagro. Me dio la dicha de ser madre de cinco niñas; viniendo a mi vida las siguientes hijas: Rosa Jessenia Quiñonez Araujo, el 20 de julio de 1993; Alicia Antia Quiñonez Araujo, el 21 de septiembre de 1994; Mayra Alejandra Quiñonez Araujo, el 02 de marzo de 1996.

Cuando tuve mis cuatro hijos, ya tenía por lo menos una pequeña casa que mis padres me habían regalado; eran tres hectáreas para que cultiváramos lo que quisiéramos, siempre y cuando fuera para el bienestar de nuestra familia. Quedaba a media hora de distancia de la casa de mis padres, pero caminando una persona adulta con niños pequeños, se hacían hasta tres horas. Vivía rodeada de miles de hectáreas de bosques primarios donde había muchos animales salvajes.

Bueno, no culpaba al padre de mis hijos, siempre me culpé yo misma, porque él me advirtió que me tocaba vivir sola, pues él no estaba dispuesto a vivir en ese bosque; él llegaba, se quedaba unos 15 o 20 días y se iba nuevamente por uno, dos y a veces por tres meses.

Aunque mi vida no fue fácil, jamás di un mal paso; siempre tuve apoyo de mis padres y de la gente que vivía más cerca de mi casa. Ellos llegaban a visitarnos y siempre llevaban algo de alimento, precisamente cuando no tenía nada que poner a la olla.

Me iba a trabajar donde mis padres y me quedaba tres días para que mis hijos se alimentaran por lo menos esos días, pero los llevaba bien aconsejados para que no informaran que no teníamos qué servirnos en la mesa, pues yo me iba a trabajar con mi padre en el campo y mi madre les preguntaba:

—Mis queridos niños, ¿tienen comida en su casa?

—Sí, mamita, tenemos bastante comida —ellos respondían.

—¿Entonces por qué tu madre se va a trabajar con tu papito? —les replicaba —les prometo que ella no va a saber nada, miren, yo les iba a regalar este poco de arroz, pero si tienen, me lo dejo para mí.

—En realidad no tenemos nada, pero mi mami dice que nunca se dice, porque Dios nos dará comida.

Créanme, a mí me daba vergüenza que dijeran que tenía un marido vagabundo y despreocupado por su familia. Entonces, cuando llegaba del trabajo, les decía:

—¿Ya están listos? Hoy nos vamos a casa.

Mi madre me tenía de todo un poquito para que llevara y con eso pasaba algunos días. Además, me iba de pesca y de cacería con mi niño varón, ¡pobre de mi hijo por ser el único varón! Le tocó luchar conmigo desde sus tres años hasta que todas sus hermanas crecieron. Dios siempre nos bendecía con abundancia en mis pequeños huertos; trabajaba para sembrar continuamente manís, habas, frijol, papayas, yucas, coles, etc. Muchas veces lloré al ver que no tenía nada que darles a mis hijos; me acuerdo como si fuera ayer, que una vez les serví a mis niños la merienda y me salí a el placer de la casa a llorar, porque en ese rato se terminó absolutamente todo, quedándonos sin nada de alimentos. Le preguntaba a Dios qué les iba a dar en el desayuno; los niños se dieron cuenta de que no estaba con ellos y salieron rápidamente en mi búsqueda, y me preguntaron:

—¿Por qué llora, mami?

—No estaba llorando, solo fue que me lastimé los ojos —les respondí.

—Yo sé porque llora, pero no se preocupe, que mañana vamos a tener qué comer —dijo mi hija mayor.

Con solo ocho años, me daba fuerzas para poder seguir adelante.

—Y si no hay, no importa, no comeremos; venga, vamos a comer.

En realidad, no había alcanzado comida para mí; sin embargo, ellos sacaban un poquito de cada uno de sus platos y me daban para que me sirviera junto a ellos.

Mi corazón me dolía al ver esa bondad de mis hijos; cada día entendía que Dios estaba allí conmigo, pero esa noche no pude dormir.

Al otro día, como casi todos los días, a las cinco de la mañana llamé a mi hijo para irnos de pesca; siempre regresábamos como a las siete de la mañana. En realidad, no me avergüenzo, porque así pude salir adelante con mis seis niños. Lo único que me daba fuerzas era ver que mis hijos eran felices juntos; aunque yo estaba desesperada por darles un buen futuro.

Tiempo después, Dios me bendijo con un terreno, el cual le había suplicado de rodillas que me lo concediera. Ahora ya estaba más cerca por lo menos de mis padres, eso me hacía muy feliz. Aunque mi vida sentimental estaba vacía, estaba junto a mis hijos. En la actualidad, mi vida sentimental sigue igual, pero ahora que estoy escribiendo este libro me siento feliz; puedo darme cuenta de que el amor más grande que ha sostenido mi vida, es ese amor divino, puro y verdadero (EL AMOR DE DIOS). Ese amor que nunca traiciona y que siempre está con nosotros; aunque no lo podamos ver, pero si queremos, lo podemos sentir.

Un poco más tarde, cuando mi hijo tuvo diez años, llegaron tres primos por parte de mi esposo; se habían quedado huérfanos de padre. Aunque tenían su madre, ellos preferían vivir junto a mis pequeños hijos; los primeros meses se me hicieron muy difíciles, pero después los fui llevando poco a poco a trabajar en mi terreno por ratos; uno de ellos tenía doce años, otro diez y el otro tenía ocho años. Para mi marido ellos eran una carga, pero para mí fueron de gran bendición, pues por lo menos tenía compañía; me podía ir más lejos de casería, de pesca y a trabajar; me sentía más protegida, más acompañada y podía laborar un poco más para poder sobrevivir el día a día. No me di cuenta de que más tarde serían mi sustento por algunos años; ellos me ayudaron mucho con la alimentación para toda mi familia.

Fue así como ellos hicieron parte de mi hogar y de mi vida, fueron y son como mis propios hijos. Pude tener los hijos varones que yo había dicho a mi Señor que, si me iban hacer sufrir, mejor me mandara niñas mujeres y que me regalara solo un varón. Pero gracias a Dios, pude sacar adelante tres niños varones y mi hijo; que ahora son padres que sustentan sus hogares con su esfuerzo y su frente en alto, teniendo buenas recomendaciones en cualquier empleo donde presten sus servicios.

CAPÍTULO IV
Cuarta parte

Al poco tiempo de mi recuperación, llegaron unas personas de una fundación y dejaron invitaciones a las mujeres de las comunidades aledañas para brindarles talleres de manualidades y artesanías, como la tejida de sombrero de paja, toquilla, petates, canastos, hamacas, etc. Allí tuve la oportunidad de conocer muchas personas de alta categoría, tanto nacionales como extranjeras, por la gloria de Dios, y las cuales fueron de gran bendición para mi economía.

Mejoré en muchos aspectos: en lo social, en lo económico, en lo profesional, como persona, etc., porque mis tejidos tuvieron una muy buena acogida y esto me sirvió para salir adelante con mi familia.

Con mis tejidos pude reunir dinero para comprarme una chiva pequeña, y con el pasar del tiempo logré tener unas 15 vacas entre grandes y pequeñas; pero como no tuve el apoyo de mi marido para darles el cuidado que los animales necesitaban, las vendí, y con este dinero pude obtener un pedazo más de terreno y pude lograr ser quién soy por la misericordia de Dios.

Son muchos los beneficios que el Señor me ha dado, y puedo decirles que me faltaría tiempo para escribirlos en este libro.

Aprendí a tejer sombreros, carteras, joyeros, etc., siendo vendidas por medio de la fundación anfitriona a personas extranjeras, lo que me fue de gran bendición; fue una ayuda para la alimentación y para los estudios de mis niños y mis estudios también, volviéndose realidad todo lo que para mí fue imposible en mi vida anterior. Aunque para mí ya estaba perdido todo, para mi Señor recién comenzaba, me enseñaba cuán grande era su poder y cuán grande es su amor por nosotros.

Meses después, la fundación me contrató para realizar talleres en otras comunidades, y fue así como Dios se ha ido glorificando cada día en mi vida ante los ojos de las personas que me han conocido antes.

Compartir mis experiencias con personas de otras comunidades, me ayudó para valorarme y mejorar mi autoestima; ya que mi pareja me la tenía por los suelos. Bueno, no del todo, por lo menos un poco me puedo valorar; este trabajo me llevó a la fama, llegando a tener por la gracia de Dios, una buena economía por el resto de mi vida.

Al poco tiempo, la misma fundación llamó a dos personas de cada comunidad para capacitarlas en un proyecto de reforestación. Siendo elegida por la comunidad como líder de este proyecto, pensé que esto iba a ser fácil, pero en el trayecto del estudio, el cual fue por tres meses, tuvimos que competir entre diez comunidades para tener mejores calificaciones, teniendo la oportunidad de salir victoriosa con una calificación excelente, logrando un contrato con un ingreso mucho más alto que mis compañeros.

Por esta razón, les puedo decir con mi frente en alto, que no hay necesidad de serle infiel a otra persona que no se quiere ni se valora a ella misma, y peor, por falta de compañía o de alimentos; ya que tenemos esa compañía divina de Nuestro Señor Jesús, solo hay que tener fe en que existe un Ser Supremo que está mirando nuestras necesidades, y que, si pedimos con todo nuestro corazón, nos puede llenar de muchas bendiciones, ya que es el único dueño de todo lo que podemos ver y de todo lo que existe en este mundo; de esa manera nos podemos librar de andar de boca en boca de personas inescrupulosas, porque con Dios a nuestro lado todo se puede; no esperemos que todo nos llegue a lo fácil.

Pocos años más tarde, tuve la dicha de poder tener un encuentro con Nuestro Señor Jesús por medio de mis sueños. Me fui por un camino, donde llegué a un momento en el que tenía que elegir uno solo; había uno a mi derecha y otro a mi izquierda. El de la derecha estaba pavimentado y lleno de hermosas flores, sus casas se veían a lo lejos, que brillaban de oro; mientras que el de mi izquierda, estaba cubierto de mucha vegetación pequeña y grande, con una enredadera y lleno de espinas; entonces recordé que mi abuela siempre me decía: "cuando en sus sueños, o cuando dejen de vivir, tengan que escoger caminos, nunca escoja lo bonito y lleno de flores, porque ese camino los lleva a la perdición".

Opté por el de espinas, caminé unos cinco a diez metros y todo estaba bien; al llegar a una casa vieja donde siempre nos encontrábamos, llamé:

—Hola, ¿hay alguien aquí?

Pero nadie contestaba, de repente, escuché una voz a mis espaldas:

—¿A quién buscas?

—Buenas tardes, Señor —respondí sentándome a conversar con él.

—Te traje aquí para decirte por medio de este libro, que me busques —me dijo Él, y me pasó el libro abierto por la mitad.

Tomé el libro en mis manos y vi una virgen; tenía el nombre en la parte de abajo, era de color negro y dijo:

—Ahora tienes que buscar este libro y esta virgen —dijo mostrándome una imagen de ella, que tenía el corazón cruzado con siete puñales.

En el instante que cerró el libro olvidé el nombre de la virgen.

—Présteme el libro, que olvidé el nombre de la virgen —le dije.

Devolviéndome el libro por un momento, observé, pero no encontré ni la virgen ni el nombre; solo quedó la imagen en mi mente porque tenía siete cuchillos traspasando su corazón.

Desde ese día sentí que cayó a mi vida otra misión que me cambió de manera total; ahora tenía mis hijos, mis estudiantes, el libro que encontrar y también tenía que descubrir la virgen de este sueño.

Cuando me vino este sueño fue para mí muy difícil; me sentía comprometida con esta misión, y llegó el momento en que quería salir a toda fiesta donde celebraran las vírgenes, pero yo decía:

—Señor, ¿por qué me mandas a buscar esta virgen, si tú sabes que no me gustan las fiestas?

Parecía imposible esta búsqueda, pero de pronto un vecino y su esposa me dijeron:

—Hay una fiesta donde los Cuevas y están celebrando a una virgen, vamos, ¡quién quita que sea la de su sueño!

—¿Será que tengo que ir? Es que está muy lejos y mis hijos se quedan solos; pero tratándose de la orden de mi Señor, me voy.

Cuando llegó el día de irme a la fiesta, la noche antes me arrodillé y le dije: "Señor, no quiero ir a esa fiesta, ven esta noche y dime si esa virgen es la que me mandaste a buscar o no es esa, por favor, te suplico".

Esa noche, vino disfrazado de viejo por medio de mis sueños; yo me encontraba en el patio de mi casa pensando si me iba a la fiesta o no, cuando de pronto, me dijo:

—Buenas tardes, señora, ¿quiere que le diga lo que está pensando?

—¡No! A mí solo uno me puede decir lo que estoy pensando.

—¿Quién es ese?

—Nuestro Señor Jesucristo, nadie más.

—Déjeme intentarlo por lo menos, usted está pensando si se va a la fiesta para ver si es la virgen de su sueño con Dios; vengo a decirle que no vaya, porque no es esa la virgen.

—¿En serio?, no sabe cuánto le agradezco, mañana me quedo trabajando con mis niños un rato y mirando el cielo. Gracias, Señor, por escuchar mis suplicas.

—Me voy, hasta luego, señora.

—No se vaya todavía —le dije rápidamente, pero al mirarlo ya no estaba, entonces llorando le reclamé:

—¿Por qué? ¿Por qué cuando te tengo a mi lado no te puedo reconocer, Señor?

Otro de mis sueños fue que, yo creía que en el lugar donde vivía, todas las personas tenían fe en Dios y que todas le seguían. Una noche tuve un sueño de que llegaba a la escuela donde laboraba y corría a saludarlo; para este encuentro, mi Señor Jesús reunió a todas las comunidades aledañas y había unas doscientas almas para la gloria de Dios, entre niños y adultos; me dijo:

—Vamos, que hoy voy a tu casa.

—¡Qué lindo, Señor, que hayas escogido mi casa!, pero toda esta gente no se va a quejar de ti, Señor, mire que todos tenemos fe en usted; toda esta gente le siguen, pero mi casa es pequeña.

—No importa, vámonos.

En el trayecto del camino nos predicó mucho su palabra. Al llegar a un lugar en mi finca, había una pequeña laguna; abriendo sus brazos y sus hermosas manos, hizo que la pequeña laguna fuera muy grande y muy honda.

—Aquí te voy a demostrar cómo toda esta gente no tiene fe en mí.

—Pero todos te siguen, Señor.

—Una cosa es que me sigan y otra es que tengan fe en mí, mira —dijo, y comenzó a caminar sobre las aguas de la laguna.

—Señor, yo tengo que pasar contigo porque tengo fe en ti.

Entramos a la laguna con mi hijo, uno de cada lado y pasamos; cuando estuvimos a orillas giramos nuestros cuerpos para mirar el resto de personas y todas se hundían en las aguas.

—Así es el mundo; lo ves ahora, no te queda dudas sobre las personas que dicen amarme y que tienen fe en mí.

Ese día se la pasó con mis hijos y conmigo en mi casita pobre, pero llena de grandes bendiciones divinas.

Después de unos meses, tuve un sueño donde el Señor me dijo:

—No te desesperes, porque nuestro encuentro va a ser en Pambilar, pues el libro y la virgen están allá.

Cuando me dijo esto, pensé que se refería a una comunidad que se encontraba cerca de mi casa, y buscando compañía de una familia de confianza, nos fuimos a conocer este lugar. Al llegar, no tenía el reflejo de mi sueño; quedé con muchas dudas, así que muy desesperada le pedí a mi Señor que por favor me dijera si este era el lugar, que debía encontrar el libro y la virgen.

Pasando algún tiempo, volvimos a encontrarnos por medio de mis sueños.

—Vine a decirte que este Pambilar no es donde nos vamos a encontrar, no te apresures, ya deja de buscar ese lugar, porque todo tiene su tiempo y el tiempo llegará cuando menos tú pienses.

Así pasaron seis largos años desde mi sueño del encuentro con Dios acerca del libro y la virgen. Como todos los años, llegó el momento de firmar contrato en el Ministerio de Educación, a todos los docentes de la Provincia de Esmeraldas. Cuando tuve la oportunidad de escoger el lugar, no conocía ninguna de las instituciones; el analista me escogió una y procedió a realizar el contrato; eran las once de la noche en la Provincia de Esmeraldas, cuando el secretario le dio lectura al contrato, fue mi sorpresa cuando dijo:

—Señora Rosa Dolores Araujo Cheme, como docente debe brindar sus servicios en la Comunidad Pambilar, Parroquia Malimpía, Cantón, Quinindé,

Provincia Esmeraldas, en la Escuela Provincia de Manabí.

Me quedé en las nubes por un instante porque miré que Dios no me había fallado, que mi sueño era real y la comunicación con mi Señor es verdadera; pude entender que todo lo que Dios me había prometido se estaba haciendo realidad. Ahora llegaba el momento de seguir mis pies, porque mi sueño ya estaba cumplido.

¿Saben?, sentía muchísimo miedo en este encuentro, pensaba que tal vez era mi final. Pero bueno, hasta ese momento ya mis hijos estaban criados. Sin embargo, en el trayecto de esta espera, había recibido una nueva misión por medio de otro sueño: mi cuarta hija había salido embarazada siendo madre soltera; cuando ella concibió a su bebé yo no sabía nada, pero tuve un sueño donde me fui caminando por una senda y llegué a un edificio de dos pisos muy viejo que se estaba cayendo a pedazos; tenía que subir, porque allí era un depósito de colas y tenía mucha sed de tomar una cola Fanta.

—Hola, hola, ¿hay alguien aquí?

Nadie me contesto, así que agarré la cola, tomé medio litro y comencé a bajar del lugar. De repente, escuché una voz que decía:

—Tómate toda la cola, porque vas a necesitar fuerzas al salir de aquí.

—Discúlpeme, Señor, por haberme tomado esta cola, pero tenía mucho deseo de hacerlo.

—No te preocupes, fui yo quién te trajo hasta aquí, porque tengo a una mujer embarazada y quiero que me ayudes a cuidarla; el niño que va a nacer, tú me lo debes criar hasta que yo lo necesite.

—Señor, ¿por qué me escoges a mí siendo tan pobre para que te críe ese niño? Además, ¿cómo voy a encontrar a esa mujer?

—Esa mujer está más cerca de lo que tú crees.

—Bueno, haré lo que esté al alcance de mis manos.

Bajando de allí con el resto de la cola, caminé hacia el río por donde había llegado y les di a mis dos hijos que estaban esperándome en un bote. Cuando nos fuimos, de pronto subió al bote un espíritu malo que quería quitarme mi hija; comencé a pelear junto con mi hijo para que no le hiciera daño a ella, pero era muy fuerte este espíritu; en ese momento invoqué a Dios:

—Sin ti, soy nadie, Señor. Tienes que ayudarme para botar este espíritu malo del bote por favor.

En ese momento cayó un remo en las orillas del bote y a punta de golpes con el remo logramos botarlo en el agua, y remando muy rápido nos alejamos de ese lugar.

Luego de algunos días, me enteré que mi hija estaba embarazada, y recordando mi sueño, tomé las cosas con calma por la misericordia de Dios; ya me había preparado para esta noticia. Cuando mi hija dio a luz al bebé, lo recibí con mucho amor, pero lo que no sabía, era que ese niño quedaría abandonado de su madre también.

No imaginé que ella buscaría otro compromiso en muy corto tiempo y lo iba a dejar en mi casa; cuando el niño tuvo seis meses y tres días, mi hija se marchó con otro hombre quedando en mis manos hasta el momento, el pequeño nieto. Para mí, esto era un acto de crimen; llegué hasta el punto de volverme loca, pero gracias a Dios, poco a poco fui asimilando este dolor. Mi niño comenzó a dejar de mirar por donde la mamá bajaba cada día, hecho que hizo que los dos fuésemos haciéndonos compañía y que nuestro corazón fuese sanando cada semana que pasaba.

Nunca pensé que alguna de mis hijas tuviera el corazón de abandonar a un hijo por un hombre; yo había derrotado hasta la misma muerte para no dejarlos abandonados en este mundo. Ahora creo, que a veces, las personas no aprendemos ni porque tengamos ejemplos de nuestros padres; he llegado a analizar que cada cerebro es un mundo diferente. Después de firmar mi contrato, me marché con el niño de tres años al lugar donde tenía el encuentro con Dios por medio del libro, y también a descubrir la virgen que me había encomendado.

Pensaba que irme sola no era correcto, quería que mi marido se fuera conmigo; sabía también que él andaba con otra mujer y esta era la oportunidad para que eligiera con quién se quedaba, pero me tocó irme con la compañía del niño. Al llegar a un barrio donde me estaban esperando, me encontré con la sorpresa de que ya se había marchado la persona que me esperaba, y que era imposible viajar porque era muy lejos el trayecto; tenía que pasar ocho horas de camino con mucho lodo. Muy decepcionada busqué un lugar para ocultarme y que no me vieran llorar, entonces apareció un hombre muy viejo y me preguntó:

—¿Por qué llora, bella dama? Una mujer tan bella como usted no debe llorar por ninguna razón.

—Tengo que llegar a Pambilar hoy, pero la persona que me estaba esperando se ha marchado y no tengo con quién seguir el camino.

—No se preocupe, venga conmigo, vamos a buscar con quién pueda seguir su destino.

Llegamos a una tienda y preguntó si había alguien de Pambilar, pero le dijeron que ya se habían marchado todos.

—¿Y sus maletas? ¿Dónde están? —me preguntó.

—Las dejé encargadas en una carnicería, vamos, porque ya mismo cierran.

Al llegar, retiramos las maletas, me llevó a una casa, y le dijo al dueño:

—Aquí te traigo a esta señora, dice que va a Pambilar, ella es maestra, y la persona que se ha contactado con ella por teléfono, el cual la esperaba aquí, ya se ha marchado. Por esta razón te la entrego en tus manos; tú conoces toda esa gente que vive por allá.

—Mi nombre es Héctor Garcés, venga, entre, maestra; mañana puede que salga alguien de allá, suba, vaya, converse con mi esposa; ella es una linda persona.

Llorando, me recosté en un pilar de la casa y saqué una tarrina de comida que me había regalado mi hija Rocío; iba casi sin dinero para comer en un comedor, le estaba dando de comer al niño y en mi mente decía: "Señor, ¿por qué me has fallado? Si hoy no hay quién me lleve a donde me enviaste; mañana en la primera ranchera que salga me voy al Ministerio de Educación y pido el cambio; me desaparezco por unos años, qué nadie sepa de mí, boto el chip de mi celular y me doy por desaparecida"; de repente, escuché el tropel de una acémila que se acercaba, venía un hombre montando un mular y el encargado de mi persona alzó la cabeza y dijo:

—¿Hermano, todavía estás por aquí?

—Sí, mi hermano —respondió.

—Mire, aquí está la nueva maestra que va para allá, ¿será que puede llevarla?

—¡Aleluya! Bueno, alístese, maestra.

Mientras caminábamos veía todo horrible, y en mi mente decía: "Señor, si esto es así, cuando salga no regreso más", no decía eso por mí, sino por mi niño, estaba muy pequeño para caminar en ese lodo sumamente hondo; me llegaba hasta las rodillas. Por otro lado, iba decepcionada porque mi marido estaba con otra mujer; y según yo, por allá nadie me conocía y podía matar mis penas con el alcohol.

Lo que no sabía, era que el hombre que me llevaba era evangélico, y que me iba a quedar algunos días en su casa, donde iba a escuchar tarde y mañana la palabra de Dios. Todos mis planes se fueron abajo, porque lo que Dios hace, no lo hace nadie. Los planes de Él, eran diferentes, y este era el comienzo de nuestro encuentro por medio del hermano Luis Garcés y su bella esposa Lorena Gómez de Garcés; esto para mí fue de gran bendición, aunque no quería aceptar la realidad desde el principio, me fui capacitando lentamente para este encuentro maravilloso con Nuestro Señor Jesús.

Mientras estuve en la casa de este hermano con su familia, aprendí mucho de las sagradas escrituras; al comenzar mis labores como docente, empecé la búsqueda del libro y la virgen, revisé todo libro de la biblioteca de la escuela, pero no tenía respuesta alguna.

Pasando unos meses, le comencé a pedir una nueva entrevista a mi Señor; había escuchado su palabra hace ya más de un año cuando nos encontramos por medio de mis sueños.

—Aquí estoy a tu llamado.

—Señor, te quiero decir que no he podido encontrar lo que me mandó, dime, por favor, ¿dónde está ese libro y la virgen que me mandó a descubrir? Porque yo, ya no puedo más, renuncio, Señor.

—El libro está en tus manos cada día, además, es el único de ese color.

—¡No me digas!, entonces es la Biblia, pero ¿dónde esta está la virgen, Señor? Porque en la Biblia no hay virgen.

—La virgen está más cerca de lo que tú crees.

—Pero solo los católicos creen en vírgenes, ¿por qué me pides que la encuentre?

—La virgen está más cerca de lo que crees, porque me dijiste que es tu madre; porque mi madre es la que sufre, la que me teme, la que tiene fe en mí, la que desprecia el mal y sigue lo bueno; la que pudiendo hacer el mal, hace lo bueno; esa es mi verdadera madre.

–Señor, aquí creemos que tu madre es la virgen María, eso es lo que todos creen.

—Pero mis verdaderos hermanos y madre son los que dejan todo por mí.

Esa noche pude entender que la virgen no era lo que yo creía, sino que nosotras las mujeres llevamos ese don hermoso cuando hacemos lo bueno; en especial, las mujeres guerreras que no aceptamos dinero ni deleites por placer de la carne. Preferimos luchar, aunque tengamos que sufrir en este mundo, pero tenemos la esperanza de que Dios algún día nos va a recompensar.

Mis sueños siempre se han mostrado tal como Dios me dice las cosas. Un poco más tarde, en el año 2014, día 17 de octubre, partí con mi penúltimo sueño más importante de mi vida, rumbo a Santa Rosa de la comunidad Valle Del Sade, el día que me nombraron como Directora del plantel Horacio Hidrovo Velásquez. Fue otro nuevo reto muy importante en mi nuevo destino, pero mi esperanza siempre en nuestro Señor Jesús. Esta vez mis compañeros me dijeron:

—Compañera, usted está loca; esa comunidad es polémica con los maestros, por esa razón no tienen director. Estaremos contando los días que usted trabaje en esa escuela.

—Bueno, hay un dicho que dice: "el doctor no va donde están los buenos, sino que va donde hay enfermos"; yo voy como doctora para esa comunidad, porque voy en el nombre poderoso de Jesús y sé que voy a sacar a esa comunidad adelante.

Cuando llegué, había una pequeña reunión de recibimiento en una de las aulas del plantel educativo. Me presentó un compañero que me llevó a todos los padres de familias que estaban presentes.

Comenzando mis labores como docente en una nueva institución, recibí en mis manos 41 estudiantes, desde la preparatoria, hasta el séptimo año de educación básica. Solo contaba con tres meses para sacar adelante a cada uno de esos grados; mi fe se hallaba puesta en que Dios me había dicho que escuchara mis sueños y siguiera mis pies. No me preocupaba por nada, pero al día siguiente, al evaluar esos chicos, me encontré con la sorpresa de que los estudiantes estaban vacíos, y tenía que aprestar sumamente fuerte; rápidamente organicé una reunión de representantes legales, y explicando el problema procedí a tomar doble jornada de trabajo.

Mi Señor jamás me ha abandonado; cuando pienso que estoy perdida, por medio de mis sueños encuentro la solución. Cuando llegamos a finales del año lectivo 2014-2015, mis objetivos se habían logrado mayoritariamente.

Los representantes quedaron muy agradecidos, ya que ningún maestro de los anteriores lo había hecho en un año completo. Mis niños desde segundo año de básica estaban leyendo, lo que para mí significaba que Dios me bendecía y me sigue bendiciendo en cada paso que doy en este mundo.

Puedo decirles con mucha dignidad, que mis compañeros se cansaron de contar los días de mi salida de la comunidad, así como también, muchas personas que me lo habían dicho de otras comunidades. Pero para la gloria de mi Señor Jesús, sigo trabajando en el mismo lugar hasta ahora.

Ustedes, no sé si me creerán, pero en mi último sueño, que vino en el mes de enero del 2019, mi Señor me reveló por más de tres veces, que iba a llegar algo muy terrible para el mundo entero. Me lo mostró con unas hermosas vacas gordas, pues eran tres o cuatro en medio de un pastizal; pero se acercaban a ellas unas vacas flacas, también eran de tres a cuatro. Yo al rodearlas, tenía que pasar por los lados de una barrancada muy alta de un río, pero cada que pasaba había alguien que me ayudaba a atravesar. Al dar por culminado el año lectivo 2018-2019, les dije a todos los presentes:

—Señores, señoras, niños y niñas, debemos prepararnos, porque Dios me ha revelado que vamos a pasar momentos muy difíciles; no sé cómo, pero lo único que sé es que tenemos que buscar mucho de Nuestro Señor Jesús. Estas palabras se las repetí en el nombre Poderoso de Jesús a un grupo familiar, los cuales pueden testificar en un futuro para la gloria de Dios. Amen.

Esta historia continuará porque la gloria de Dios, sé que sigue conmigo.

Aleluya.